Le Miel de mon enfance

Sylvie BÉROUD

Le Miel de mon enfance

ISBN numérique : 979-10-262-5912-1

EAN papier : 9791026259138

Librinova

Courriel : contact@librinova.com
Internet : www.librinova.com

« Le cœur d'un père s'agrandit avec chaque enfant »
Jean-Basile BEZROUDNOFF

À mon père,
À Jacques,
À André.

BARGEMON

Le lever du jour réchauffait doucement de ses premiers rayons, les feuilles rouge sang de la vigne vierge qui grimpaient sur la belle façade en pierres de la bergerie. Comme tous les matins, mon père, debout devant la porte d'entrée, portait son regard au loin comme un marin qui scrute la mer. Constant, au regard parfois triste, à la pensée souvent lointaine tout entière dévouée au souvenir d'Alger la blanche qu'il avait dû quitter trop tôt, était tombé amoureux de ce petit bout de terre dans le Var. Il avait, petit à petit, à force de travail et de patience, restauré la grande bergerie, cultivé sa terre et lié connaissance avec les abeilles de ce côté-ci de la mer.

Boniface nettoyait le comptoir en zinc du bar du café du Commerce.

– Oh ! Marcel ! Tu m'en chantes une petite ?

– Et pardi, tu veux que je réveille tout le village !

– Tiens, ajouta Marcel, voilà Brigitte. Elle va bien t'en chanter une petite Boniface.

– Elle s'est sauvée cette nuit, le vieux Louis n'a pas dû fermer sa porte, encore une fois.

Toute vêtue de sa chevelure de soie blanche, Brigitte, la petite poule domestique de l'ancêtre Louis cherchait du bec quelques friandises au pied d'un platane centenaire. Pendant que l'air se réchauffait par cette belle journée du mois de juillet, le village de Bargemon s'éveillait. La mairie arborait fièrement son drapeau tricolore à côté du bélier couronné, armoiries du village et le clocher comptait le temps qui file.

Jean vit le jour dans ce petit coin de paradis. Comme tous les enfants qui savent ce qu'ils cherchent, il menait son chemin à travers les drailles à la recherche du criquet à ailes bleues. Au fur et à mesure de son ascension, il emplissait ses poumons de l'odeur boisée des collines. Lorsqu'il fut certain d'avoir pris assez de distance, il se retourna soudain. Les toits de tuiles en terre cuite orangé et brun s'agrippaient les uns aux autres pour former une étrange mosaïque autour du clocher dont la fine pointe ressemblait à un crayon. Il se chauffait les ailes au soleil sur un rocher, son oedipode turquoise. Avec patience et beaucoup de détermination il ne lâchait pas des yeux sa proie, sujet principal d'une scène musicale. Il serait bientôt enfermé dans une boite dont il avait perforé le couvercle. Sa patience fut récompensée, il approcha la petite boite de son oreille pour entendre les ailes qui s'agitaient. Jean respirait à pleins poumons les parfums agrestes de cette belle journée et sourit, heureux de sa prise.

Le clocher qui carillonnait au lointain le sortit de sa rêverie. Il fit demi-tour en direction du village. Sur le chemin de l'école, il escalada le petit portail en bois du jardin de Denys et il se lança, avec l'agilité d'un écureuil, à l'assaut des branches du cerisier. Il en croqua à pleine bouche jusqu'à ce que son estomac lui crie stop. Le plus drôle, c'était de se retrouver perché dans l'arbre, accroché aux branches comme un singe et d'entendre Denys pester contre les oiseaux qui lui dévoraient tous ses fruits.

— Alors, tu l'as ? demanda Dédé dont l'air inquiet apportait une expression amusante à son visage.

— Oui, au chaud dans sa boite.

André était un grand gaillard à la silhouette charpentée comme un lutteur, sa chevelure brune et bouclée et ses yeux rieurs lui donnaient un air généreux. Il ne savait jamais quoi faire de ses mains alors il les fourrait dans ses poches au grand dam de sa mère, qui renonça définitivement à lui acheter de nouveaux pantalons. Cela cachait en réalité une certaine timidité. Jean éprouvait une tendresse infinie pour son ami. Les deux garçons gloussaient de joie. La cloche sonna. Ils entrèrent dans la classe.

Monsieur Michaux, professeur de mathématique à la calvitie galopante, dont la blouse blanche était tachée de la poudre des craies de différentes couleurs qu'il manipulait, le faisant ressembler parfois à un arc-en-ciel, frappa le tableau noir avec sa règle. La pointe de sa craie rouge brandie dans les airs, il s'écria :

– Monsieur Jean Malherbe, venez au tableau donner le résultat du rayon de votre cercle.

– M'en fiche de ton rayon, tu vas voir avec quoi je l'ai rempli ton rayon, marmonna le garçon entre ses dents.

Mais le criquet n'était pas destiné au professeur de mathématique. Sa destinataire était mademoiselle Angèle. Jean avait dans l'idée de cacher son trésor dans la partition de son professeur de musique. Cette fille-là, qui ne dévoilait plus ses charmes que pour son mari réjouissait les voisins alentour lorsqu'elle lançait les décibels à la volée par-delà les fenêtres de sa chambre.

Donc, lorsque cette brave Angèle vit le criquet lui sauter à la figure, elle poussa une note d'effroi si formidablement aiguë que la classe tout entière fut saisie de stupeur. Jean, en admiration devant sa castafiore, souriait de bonheur.

Le criquet sautait dans tous les sens, les garçons se précipitèrent pour l'attraper tandis que les filles montaient sur leur chaise en poussant des cris de frayeur. André, secoué par un grand fou rire, était parti en courant aux toilettes en se tenant le ventre. Le raffut qui venait de la salle de classe couvrit presque la sonnerie de la cloche qui rythmait la fin des cours à toute l'école. Les enfants oublièrent le criquet et s'enfuirent comme une volée de moineaux.

— Tu viens avec moi voir Denys ? demanda Jean à André.

— Non, j'aime pas ses coucous. Et puis, je dois donner un coup de main à mon père, on récolte les rouges du Roussillon en ce moment.

— Chouette, la tarte aux abricots orange teintés de rouge vermillon à la poudre d'amande, c'est mon dessert préféré.

André regarda son copain. Il secouait toujours la tête en haussant les sourcils lorsque Jean virait poète.

— Plutôt que de les piquer comme les cerises dans le jardin de Denys, passe à la maison, ma mère t'en donnera.

Jean lança sa casquette à la figure d'André en rigolant.

— File Dédé, file !

Les pères des deux garçons étaient des amis d'enfance, des fils de pieds noirs, déracinés du sol de leur terre natale comme des arbres auxquels on avait coupé les racines. Cependant, la famille d'André avait fait le choix de quitter l'Algérie longtemps avant les évènements et c'est avec joie et compréhension qu'elle avait accueilli les parents de Jean. Il adorait écouter, encore et encore, les souvenirs d'enfance de son père en Algérie. Il demandait aussi à sa mère de lui raconter la scène qui le faisait hurler de rire, celle où sa tante Gaby avait rossé à coups de parapluie sur la tête, pour l'obliger à descendre de l'autobus, un inconnu qui avait osé caresser son éminence charnue.

Jean était un observateur-spectateur. Il avait remarqué de quelle façon Taj saluait son père. La main droite posée sur son cœur en penchant un peu le buste en avant, salut auquel Constant répondait par un hochement de tête. Son père ne souriait pas, néanmoins, son regard était chaleureux et ses yeux remplis de larmes. Mais ce que Jean respectait par-dessus tout, c'était les longs silences qu'il partageait avec son père. Il savait quand il pouvait poser des questions et lorsqu'il ne fallait rien dire.

Jean rendit visite à Denys. La belle boutique en bois de l'horloger qui était également amateur d'instruments de musique, était décorée de pendules de toutes les tailles, des plus anciennes aux plus insolites. Elle se situait tout près de la chapelle Notre-Dame de Montaigu, fermée pour travaux. Les Bargemonais aimaient à dire à Denys que le chant de ses pendules aux mille coucous remplaçait les cloches de l'église. Jean trouva Denys occupé à réparer un violon. L'atmosphère sentait bon le bois aux essences variées. Ses gestes étaient lents et précis, Jean observait les mains du réparateur d'horloges qui caressaient le bois.

— Bonjour Denys !

Comme à son habitude, concentré sur son travail, il ne répondit pas.

— Quel bois travailles-tu aujourd'hui ?

— Un violon est constitué de soixante et onze éléments de bois, mon garçon. Celui-ci c'est de l'épicéa. Caresse donc la courbe de ce bois, elle est ronde et douce comme la taille d'une femme.

Jean écarquillait les yeux. Une courbe oui, mais de là à y voir la taille d'une femme !

— Ce que tu es drôle Denys !

— Tu tiens entre les mains la caisse de résonance de cet instrument, sens-tu les notes qui jouent sous tes doigts ?

L'enfant se concentra.

— Mais je ne sens rien, Denys !

— Sois plus attentif Jean, écoute bien, ferme les yeux.

Il s'exécuta et caressa les courbes du bois lisse sous la paume de ses mains.

— Tes mains sont tes instruments Jean et la façon que tu as d'observer est ton plus précieux outil.

Il allait répondre, lorsque les coucous qui se mirent à sonner à tue-tête firent trembler la petite boutique d'un vacarme épouvantable. Jean se leva d'un bond en sursautant et cria sur le pas de la porte de la boutique.

— Un jour, je leur tordrai le cou à tes coucous !

Denys plissa ses yeux bleus et son corps se secoua d'un rire joyeux. Jean déguerpit à toute vitesse.

Tout naturellement, lorsque Constant décida de s'installer avec sa jeune épouse Suzanne dans le Var, il se mit à la recherche d'une maison. Au bas du village, il visita une manse sur laquelle était construite une grande bergerie. Cette terre agricole avait été cultivée il y a fort longtemps. Le verger possédait quelque deux cents arbres fruitiers, amandiers, figuiers, cerisiers et pruniers. Constant prit une poignée de terre dans sa main, le sol était de bonne qualité riche en silice, une belle terre argileuse et lorsqu'il leva la tête, ses yeux rencontrèrent le village de Claviers perché sur la colline d'en face. La bergerie fut choisie comme lieu de vie, Constant y installa une belle cuisine, car il connaissait les talents de cuisinière de sa femme et le plaisir qu'elle prenait à mijoter de bons plats.

Une partie de la bergerie fut aménagée en salle de travail pour les récoltes et le lavoir qui s'y trouvait fut conservé ainsi que beaucoup de paniers tressés et des cloches en terre cuite. Deux longues années furent nécessaires pour arranger une maison confortable. Il fallut aussi tailler les arbres et aérer le terrain. La particularité de ce village était son système de canaux qui alimentaient les jardins en eau de source. Dans la manse transformée en salle de tri, les récoltes des fruits du verger étaient stockées puis présentées à la vente dans les paniers tressés. Constant se fit une bonne réputation grâce à la qualité de ses fruits, les gens du village se déplaçaient pour acheter directement à la ferme. Sa femme Suzanne eut l'idée de démarcher les restaurants.

Par la porte grande ouverte de La Gloire de Mon Père, Suzanne entendit Albert qui sifflait joyeusement un air de

Pierre Perret en tournant ses casseroles sur le feu.

— Bonjour Suzanne ! s'exclama-t-il, la tête coiffée d'une toque blanche légèrement de travers.

— Bonjour Albert. Voilà tes bourjassottes noires.

Le plaisir de Suzanne était de discuter de recettes avec le chef dans sa cuisine pour échanger des points de vue culinaires. Suzanne ressemblait à une fleur fraiche. La rondeur de son corps faisait penser à l'odeur gourmande qui s'échappait de ses marmites, son visage à la peau laiteuse était parcouru de minuscules grains de beauté qui s'agitaient à chaque sourire et ses cheveux châtain clair ornaient son visage d'une couronne de lumière.

— Hum ! cette odeur de romarin Albert, c'est magique.

— Veux-tu être la première à goûter mon tout nouveau dessert ?

La sauce qui accompagne ma tarte Tatin aux figues, c'est du romarin qui a infusé dans cette délicieuse crème. Je l'ai fouettée pour lui apporter plus de légèreté et j'y ai ajouté, devine un peu.

— Du miel ! lança Suzanne, quel délice.

L'eau lui montait à la bouche.

— Oui. Je dois te donner mes prochaines commandes, mais je veux absolument que Constant me prépare quelques pots de son délicieux miel.

— Celui de ses abeilles, répondit Suzanne d'un air pensif. Je lui dis souvent qu'il a des milliers de maitresses.

— Qu'il en prenne bien soin, elles sont aussi belles que des pierres précieuses.

— Toi aussi tu t'y mets, mais qu'est-ce que vous avez tous avec vos abeilles ?

— Ah ! L'amour Suzanne !

Elle attrapa la commande d'Albert et sortit de la cuisine en riant.

C'est de l'autre côté de la Méditerranée que Constant avait appris le métier d'apiculteur avec son père. Il avait le regard tout particulièrement tendre pour ses abeilles et doux comme du bon miel. Il eut l'idée d'utiliser les cloches en terre cuite, celles-ci présentant la grande qualité de concentrer la chaleur au printemps, le couvain s'y développait très bien. La forme ronde des cloches se rapprochait de celle qu'adopte naturellement un essaim qui se groupe et le dôme en terre cuite était un matériau poreux qui permettait des échanges en osmose avec l'extérieur.

En fin d'après-midi, assis sur le pas de la porte, Constant caressait sa barbe brune tout en scrutant les cumulus et les nimbus, ses yeux bleus interrogateurs du ciel sous ses sourcils fournis suivaient avec attention le vol des chauves-souris. Il les observait faire des ronds dans les airs à la tombée du jour tout en confectionnant ses ruches en forme de clochers d'église. Dès les premiers rayons du soleil, Jean quittait son lit et descendait dans le jardin, avide d'air frais et de senteurs de parfum distillées par les prunus padus, ces petits arbres aux fleurs blanches au fort parfum d'amande. La viorne que son père utilisait pour le tressage des ruches répandait des effluves de noix de coco. Jean écoutait les abeilles qui bourdonnaient entre les cosmos et les dahlias, lesquels se mélangeaient avec bonheur pour former des massifs aux teintes heureuses du début de l'été jusqu'à l'automne.

Tout son corps était à l'écoute de la nature. Il l'écoutait, il la respirait, parfois, lorsque ses sens étaient exacerbés, son rythme cardiaque s'accélérait et une sensation de vertige l'étreignait. Alors, il personnalisa le jardin de son père à sa façon. Dans les trous des murs des restanques, il installa des plantes dont les couleurs se mariaient à merveille.

Pour délimiter les allées, il dessina des formes géométriques sur ses cahiers d'écolier, qu'il reproduisit au sol pour réaliser des calades. Un matin, Constant, parti faire le tour de son jardin comme à son habitude, s'approcha de la première ruche. Jean avait noué à son sommet un ruban de velours bleu, une autre ruche était surmontée d'un petit soldat de plomb, la troisième arborait fièrement un coq, puis plus loin une autre dont le sommet était en creux avait accueilli une minuscule plante grasse et ainsi de suite, au gré des fantaisies de son fils.

La saison estivale avait démarré sereinement. Les Danois et les Anglais, propriétaires de résidences secondaires, commençaient à prendre leur quartier d'été. Sur la place principale, Mr Pou légèrement éméché faisait la causette au beau milieu de la chaussée et occasionnellement, la circulation sous les yeux mi-interrogateurs, mi-agacés des automobilistes. Son vélo, aux mille couleurs avec ses fanions colorés bleus, aluminium et rouges accrochés à ses roues et son petit cartable d'écolier posé sur le porte-bagage arrière, était souvent appuyé contre la fontaine. Il attirait l'œil le premier au milieu des Harley-Davidson de passage.

— Mais regardez-le ! Il est en train de créer un vrai freine-quiche [1] !

— Laisse Boniface. Au fait et ta soirée ? demanda Denys pour détendre l'atmosphère.

— On a fait la bringue. J'avais préparé les févettes à l'huile d'olive.

— Tu l'as achetée au moulin ?

— Sur, c'est plus prudent, parce que tu comprends l'huile d'olive, lorsque tu mets le vinaigre dedans tu sais plus si elle est bonne ou si elle est pas bonne.

— Au fait ta femme Boniface, elle est rentrée d'Espagne ?

— Ouais. Elle a ramené des anchois et du sauciflard, mais celui-là, il va tenir vingt ans tellement il y a des saloperies

1. Freine-quiche : embouteillage.

dedans.

– Oh, Marcel, tu viens te mouiller la meule [2] ?

Marcel s'éclaircit la gorge et d'une voix de ténor chanta...

Mexico, Mexico
Sous ton soleil qui chante,
Le temps paraît trop court,
Pour goûter au bonheur de chaque jour,
Mexico, Mexico
Tes femmes sont ardentes,
Et tu seras toujours,
Le paradis des cœurs,
Et de l'amour.

Des applaudissements, des bravos et quelques verres de bière levés en l'air vinrent féliciter le chanteur. Marcel était un employé communal qui se la chantait de temps en temps, doublé d'un conteur hors pair pour le plus grand plaisir des enfants.

– Mes amis, Marcel, je compte sur vous pour venir écouter et chanter la messe avec moi ce dimanche.

Le curé de la paroisse haranguait ainsi les piliers du comptoir du bar du Commerce.

– Si vous nous la chantez avec le même rythme and blues que la dernière fois, à l'américaine, pour sûr, on viendra monsieur le curé.

– Et Jean-Paul, ils sont arrivés tes locataires anglais ?

– Tiens Boniface, sers-moi un verre. Ah, ces Anglais, sauf votre respect monsieur le curé, c'est la vingtième race après les crapauds !

Les chopes de bière s'entrechoquaient et les rires éclaboussaient les moustaches trempées dans les verres.

– Et ! Qu'est-ce qu'ils t'ont fait ces Anglais ? questionna Émile.

2. Mouiller la meule : boire

– Il m'agace ce John Bull, il manque toujours une spoon par ci et puis vous avez pas de la menthe dans votre jardin pour cuisiner le gigot à la menthe. Non, mais tu le crois toi, du gigot à la menthe, diable !

– John Bull, mais je comprends pas, tu les appelles tous John Bull.

Émile se grattait la tête d'un air perplexe.

Jean-Paul leva son verre en direction du curé.

– À votre santé mon ratichon.

– Tu as tout mon respect, mais cesse tes carabistouilles [3] Jean-Paul.

Le curé prit congé de ses ouailles accrochées au comptoir comme des grappes de raisins bien mûres. Ce curé atypique, avec son jean relevé sur ses doc Martens, son bandana autour du cou et sa ceinture cloutée, organisait régulièrement des rencontres entre paroisses avec des pays étrangers. Il mettait tout son cœur dans ses prêches et toute sa ferveur dans ses chants, c'est ainsi qu'un jour son église se trouva pleine à craquer comme un œuf lorsque celle-ci accueillit l'Elmendorf Reformed Church de Harlem. Le pasteur américain prit des photos avec les villageois sur le parvis de l'église après la messe et toute la troupe partit en chantant à capella dans les rues du village pour s'attabler à la pizzeria laquelle, pour faire honneur à ses invités, avait transformé son four à pizza en four à hot-dog !

Caché dans le lavoir, Jean entendait sa mère qui criait son prénom dans le jardin.

– Cet enfant n'en fait qu'à sa tête. Tu sais Constant, il finira par me rendre chèvre !

Constant hocha la tête en signe d'assentiment puis fila à l'anglaise récolter le miel de ses ruches. Le jeudi matin, c'était jour de marché à Bargemon, le jour de la semaine

3. Carabistouilles : bêtises

qu'affectionnait Jean. Donc, lorsque la voix de sa mère se fit plus lointaine, il sortit du lavoir pour se rendre place Saint-Etienne.

Il cherchait des yeux Louis. L'ancêtre, lorsqu'on le rencontrait sur la place du marché, était toujours accompagné de sa fille Marinnette. Elle posait une main protectrice sur le dos voûté du vieux Louis. Avec ses yeux noisette lavés par la vie et ses deux mains aux doigts fins posés sur sa canne, il avait un large sourire qui laissait voir sa bouche édentée et ses sourcils se soulevaient comme deux accents circonflexes sous sa casquette grise.

Louis tendait son regard vers Marinnette, prolongement de sa canne et celle-ci, souriait avec bienveillance, à son Louis d'or.

— Bonjour Marinnette.

— Bonjour Jean.

L'enfant s'approcha tout près du vieil homme et celui-ci posa sa main sur son épaule. À peine rentrés, ils s'enfermaient dans une pièce inondée de lumière. Là, sur un grand bureau en bois, recouvert d'immenses feuilles en papier kraft, ils dessinaient. Louis désignait la pointe de son crayon à Jean et celui-ci suivait du regard les lignes que le vieil homme traçait sur le papier sans que sa main ne tremble un seul instant. Louis ne prononçait plus un seul mot depuis longtemps. Sa fille Marinnette ne le contrariait pas, elle avait renoncé, elle n'essayait plus de le faire parler.

Jean apprenait avec attention à construire des repères fondamentaux, à placer des lignes d'horizon et des points de fuite. Lorsque Louis était fatigué, il posait son crayon.

Ce jour-là, il écrivit sur la feuille « *Je n'ai plus rien à t'apprendre Jean* ».

Jean écrivit à son tour « *Je n'oublierai jamais ce que tu m'as appris* ».

— À jeudi prochain Louis ! lui dit-il en l'embrassant.

Les filles arrivent, les filles arrivent. La rumeur sautait d'une fenêtre à l'autre, dévalait les escaliers de l'église, enjambait les sources des jardins, inondait les fontaines du village. Marcel avait lancé la rumeur au zinc du bar du Commerce. Il la tenait du père d'André qu'il avait croisé sur la route, lui-même informé par Antoine l'élagueur qui chargeait son camion lorsqu'il vit passer devant lui, à tombeau ouvert, la Mercedes blanc cabriolet des Parisiennes. Sylvie conduisait, les cheveux coupés très court à la garçonne, ses mains gantées tenaient le volant avec assurance. Sa passagère, Caroline triturait les boutons de la radio, son foulard de soie jaune jouait avec sa chevelure rousse agitée par le vent. Celles que tout le monde surnommait les Parisiennes étaient des amies d'enfance qui passaient tous les ans deux mois de vacances ensemble. La conductrice stoppa sa voiture au beau milieu de la place Chauvier. Des deux commères qui étaient en train de se filer une raclée, on entendait très nettement l'accent allemand de la femme de Mustapha qui saisissait à pleine main la perruque de la sorcière, comme elle la surnommait, pendant que celle-ci lui agrippait les fesses pour la forcer à reculer vers la fontaine. Les touristes, assis à la terrasse du café offraient des regards médusés face à la scène, pendant que les habitués du bar comptaient les points et lançaient les paris.

À coup de nichons, les cheveux défaits et les mains serrées en étau autour des poignées et des bras, elles poussaient des cris de furies et s'invectivaient en soufflant des naseaux. La bataille prit fin grâce au garde champêtre qui fut bien inspiré et très courageux pour s'interposer entre les deux vipères, la femme de Mustapha avait pris le dessus et commençait à noyer sa rivale dans la fontaine au grand désespoir des spectateurs attentifs.

– Comme ce village m'a manqué, s'exclama Caroline

avec enthousiasme.

— Mesdemoiselles, je suis ravi de vous revoir.

— Monsieur Le Maire, répondit Sylvie en lui tendant une main gantée.

— Bienvenue chez vous.

— Merci. Nous allons très vite organiser une fête.

— Et un feu d'artifice tiré de la terrasse, ajouta Caroline

— Va pour la fête et pour vos petits fours qui sont exquis, répondit le maire sur un ton enjoué, sur ces bonnes paroles il tourna les talons pour vaquer à quelques affaires urgentes.

— Tes petits fours sont exquis, ma chère amie.

Caroline souriait en passant une main légère dans sa superbe chevelure. Sylvie lui répondit par un clin d'œil. La vie du village s'étirait doucement vers la fin de l'après-midi.

— Tu as vu Jean, la raclée qu'elle lui a filée ?

— Et comment, Mustapha il va crier fort ce soir.

— Qu'est-ce que tu planques dans ton sac à dos ? demanda André très intrigué.

— Des pots de peinture.

— OK. Tu me dis ce que tu mijotes ?

— Non. Ce coup-là c'est moi seul qui le prépare.

— Trop fort.

— À demain Dédé.

— Amuse-toi bien, lança André à son ami avec un hochement de tête complice.

Jean avait une idée en tête qu'il avait décidé de mettre en œuvre. Ce soir-là, il resta longtemps éveillé après que ses parents se furent couchés. Il ouvrit tous les pots de peinture, il s'empara du fusain et traça les grandes lignes de son projet sur le mur, face à son lit. Celui-ci lui offrait une toile immense pour laisser libre cours au ton bleu cobalt du ciel et aux dégradés de verts qu'il peignait juxtaposés ou mélangés pour représenter des arbres et des massifs. Une fois son travail achevé, Jean recula de quelques pas. Il leva les bras devant lui en souriant, de son lit, il pouvait marcher sur le chemin qu'il avait dessiné et qui descendait vers la mer. Heureux, mais épuisé, il s'endormit tout habillé.

Le lever du jour pointait son nez derrière les persiennes de la chambre de Jean. Au fur et à mesure que le soleil réchauffait l'atmosphère, les verts de ses arbres et le bleu tendre de son ciel s'illuminaient, encore empreints de fraîcheur.

— Constant ! hurla Suzanne dont les yeux se heurtèrent à l'escabeau taché de peinture et aux pinceaux encore humides couchés au sol sur des journaux.

Jean se réveilla dans un sursaut. Sa mère avait poussé les persiennes, le soleil inondait la chambre d'une lumière blanche. Elle était stupéfaite, les poings posés sur les hanches, les mots s'étranglaient dans sa gorge. Constant accourut hors d'haleine, se frottant le front d'un air interrogatif et soucieux. Suzanne n'eut pas le temps d'attraper son fils par la peau du cou, celui-ci avait sauté du lit et filé à toute vitesse se cacher dans le lavoir. Remise de ses émotions, elle lui avait emboité le pas et Constant l'entendait par la fenêtre ouverte.

— Tu sais Constant, je vais la brouter l'herbe ce matin !

Il se tourna lentement vers le mur et s'assit sur le lit de son fils, un sourire s'ébaucha sur son visage, puis, un rire long et vigoureux bouscula son corps tout entier, des larmes de joie baignèrent ses joues. Son rire décuplait à chaque mot qu'il entendait monter du jardin jusqu'à la fenêtre de la chambre.

— Une bonne fessée... Sacré gosse, Constant arrête de rire comme un bourricot. Quelle talounade [4].

Lorsqu'il réussit enfin à calmer ce rire si puissant, il s'approcha de la fresque et lut dans un coin.

4. Talounade : plaisanterie.

À mon ami Louis.

Le zef doux et agréable comme une caresse faisait trembler les branches du figuier. Jean, perché sur les épaules d'André cueillait les fruits noirs. Ils s'ouvraient comme des fleurs et la goutte de jus qui perlait montrait la fraîcheur de la cueillette.

— C'est magnifique !

— Dis Jean, tu les laisses un peu tomber que je me régale aussi, réclamait André qui commençait à s'essouffler.

Les taches du jus rouge des fruits donnaient un air de clown au visage de Jean. Assis sur le mur du jardin, le chat Gribouille les observait. Il avait une robe beige et blanche, de longues moustaches, des yeux entourés de khôl et une belle queue en panache. Ce chat avait pour famille d'accueil toutes les maisons du village. Il baladait sa démarche chaloupée dans les jardins, parfumait sa fourrure du basilic ou des tomates des potagers. Aux aguets, il observait les poissons rouges d'une fontaine ombragée par la cascade fleurie d'un jasmin. Avec son caractère fin et enjoué, il squattait les cuisines et sa moustache blanche frisait de bonheur lorsqu'il se délectait du petit bout de gras tombé par terre.

La fresque murale de Jean avait séché et avec elle, la colère de Suzanne, adoucie par les compliments de quelques admirateurs et plus particulièrement de Nicolas, le breton, installé depuis quarante ans dans son agence immobilière, l'œil polisson, un sourire toujours accroché aux lèvres.

— Ce que j'en dis Suzanne, c'est que ton fils est doué, son sens de l'esthétique et son goût pour la nature peuvent lui faire réaliser de grandes choses. Et d'ailleurs, Matisse disait « *avant de peindre, il faut commencer par se couper la langue* ».

— Quand tu parles comme cela Nicolas, j'ai l'impression

que la sève te monte au bouquet et pour le petit on verra bien.

— Pas si petit, bientôt seize ans et, pour ce qui est de la sève.

— Si tu continues, je te coupe la langue !

— OK, alors je me tais et je vais travailler.

Ses courses terminées, Suzanne rentra chez elle et trouva le curé dans la cuisine en grande conversation avec Constant.

— Alors, vous lui parlerez ?

— Comptez sur moi. À bientôt monsieur le curé.

— Parler de quoi ? demanda Suzanne dont le visage se rembrunit soudain.

— C'est Jean.

— Qu'est-ce qu'il a encore fait ?

— Il ne va plus aux cours de catéchisme.

Suzanne et Constant discutèrent du sujet qui préoccupait tant le curé jusqu'à l'arrivée de leur fils. Jean poussa enfin la porte d'entrée. La feuille de vigne qu'il avait roulée en forme de cigare tenait coincée dans le coin de sa bouche et lui donnait un air de philosophe.

— Jean, ton père et moi devons te parler.

— Le curé est passé et m'a dit que tu n'allais plus aux cours de catéchisme.

Jean fit tourner son cigare dans sa bouche. Il réfléchissait.

— As-tu un problème avec les cours que donnent le curé ? questionna Suzanne.

— Oui.

— Et qu'est-ce que c'est, mon garçon ? s'inquiéta Constant.

— Et bien, j'ai beaucoup réfléchi et je ne crois pas en Dieu.

Suzanne qui sentait ses jambes se dérober sous elle prit une chaise pour s'asseoir.

— Mais enfin, le curé est le mieux placé pour répondre à tes questions, tenta d'expliquer Constant.

— Surtout lorsqu'il s'agit de parler de la mort par exemple, ajouta Suzanne.

— Je n'ai pas la foi donc les cours m'ennuient et ne t'inquiète pas maman, je connais quelqu'un qui peut répondre à cette question.

— Et de qui s'agit-il ?

Jean observait ses parents qui paraissaient fort désemparés face à sa décision, alors que tout cela lui semblait si simple.

— Louis.

— Mais voyons Jean, qu'est-ce que tu racontes, Louis ne parle plus du tout.

— Tu te trompes maman, il me parle à moi.

Suzanne était consternée par la réponse de son fils, elle se sentait si confuse.

— Viens avec moi dans le jardin, nous allons discuter un peu tous les deux.

Derrière la fenêtre de la cuisine, Suzanne regardait les deux hommes qui marchaient dans l'allée, les gerbes de lavande frémissaient doucement dans le vent. Constant avait posé sa main sur l'épaule de son fils et Suzanne ne put s'empêcher de remarquer que son enfant était devenu un homme.

Les chromes du riva aquarama brillaient de mille feux. Chaque année, Sylvie changeait de bateau. Cet été, elle avait jeté son dévolu sur un magnifique hors-bord en bois d'acajou et à la sellerie de cuir. Les moteurs se devaient d'être puissants pour satisfaire aux exigences de vitesse de leur propriétaire. Lorsqu'elle promenait sa silhouette svelte dans ses pantalons larges de flanelle blanche et ses tee-shirts rayés, une casquette bleu marine enfoncée sur la tête, tout le monde la reconnaissait sur la plage de Saint

Clair au Lavandou et la saluait d'un signe de la main.

– Où as-tu prévu de déjeuner ? demanda Caroline.

– Au Maurin des Maures, j'ai téléphoné à André et je lui ai réservé sa sublime bouillabaisse.

– Superbe, comme ils disent dans le Sud, nous allons rallumer les chaudières !

– Que fais-tu avec ce bonnet de douche en plastique sur la tête ?

– C'est pour ne pas emmêler mes cheveux lorsque tu donnes toute la puissance à ton bateau.

Caroline portait une robe en mousseline de soie vaporeuse aux couleurs chaudes qui se mariaient à la perfection avec sa crinière fauve. Elle affolait le thermomètre lorsqu'elle entrait dans un endroit public, son allure faisait se retourner les hommes et les femmes sur son passage. À cette beauté singulière au teint blanc et aux yeux de jade, s'ajoutait une culture immense, car, élevée par un père diplomate, elle avait fait plusieurs fois le tour du monde. Sylvie, quant à elle, avait connu le monde grâce à son métier d'hôtesse de l'air et son caractère frondeur et risque-tout l'avait parfois mise dans des situations ardues.

– Enlève donc ce bonnet ridicule, ordonna-t-elle.

– Non.

– Tu vas l'enlever de toute façon.

Caroline n'eut pas le temps de répondre, Sylvie poussa les gaz du hors-bord si fort, qu'elle eut juste le temps de se cramponner à son siège, son petit bonnet s'envola dans les airs. De grands éclats de rire montaient du bateau qui filait à vive allure sur la belle bleue.

Les effluves d'une ragougnasse [5] qui mijotait à petit feu s'échappaient par une fenêtre ouverte et se mélangeaient avec celles des roustides [6]. Jean savourait du regard les

5. Ragougnasse : ratatouille

6. Roustides : tartines grillées

tomates cornues des Andes en forme de piment et les blanches douces de Picardie qui égayaient les étals du marché.

— Bonjour, Marinnette, Louis n'est pas avec toi ?

— Bonjour, Jean. Il n'a pas voulu sortir ce matin, il se sentait fatigué, mais tu peux aller le visiter si tu veux, il est toujours content de te voir.

— J'y vais tout de suite.

Dans le petit jardin, la poule Brigitte picorait quelques graines au milieu des géraniums. Jean aperçut Louis par la fenêtre du bureau, assoupi dans son grand fauteuil. Il s'empara des sécateurs, de la fourche et d'une binette et commença à tailler les plantes et les petites haies pour ensuite nettoyer et terminer en ratissant les graviers, puis, il entra dans le bureau. Louis s'était réveillé.

— Bonjour, Louis, comment vas-tu ? Est-ce que tu veux que je te fasse un peu la lecture ?

Louis n'eut aucune réaction, il semblait si faible, alors Jean sortit de sa poche quelques photos de sa fresque murale.

— Regarde Louis, j'ai fait ces photos pour toi.

À chaque photo que le vieil homme regardait, il levait son regard éteint vers Jean et, petit à petit, ses yeux s'éclairaient de bonheur.

— Tu sais Louis, je ne l'ai encore jamais dit à personne, mais j'aime beaucoup le dessin et j'adore les jardins. Je crois que j'aimerais bien en faire mon métier.

Louis tapota les photos avec un geste lent puis il leva son regard empli de larmes vers l'enfant.

— Tu es d'accord avec moi, s'exclama Jean, j'en étais sûr.

Le jeune garçon était ravi, il n'aurait pourtant pas su expliquer pourquoi l'avis de Louis était si important pour lui. Mais une autre question le tourmentait. Il se décida tout d'un coup à la poser.

— Dis Louis, c'est comment la mort ?

Il secoua la tête aussitôt, regrettant ses paroles.

— Je n'aurais pas dû te poser cette question, pardonne-moi.

Il se pencha vers le vieil homme pour l'embrasser. Louis posa ses mains sur les siennes, il tourna très lentement la tête et sa bouche forma des mots.

— Comme le sommeil, mon petit, paisible et infini.

Jean ressentit une très grande joie, Louis avait fait un effort immense pour prononcer ces quelques mots dans un souffle.

Sylvie jeta sur la table basse du salon le procès-verbal pour excès de vitesse que lui avait dressé la police maritime. Elle ouvrit la fenêtre du salon et s'avança sur la superbe terrasse de son appartement fleurie de jarres dégoulinantes de géraniums.

— Ce soir, champagne, petits fours et feu d'artifice !

— Tu exagères tout de même, on ne va pas fêter ton excès de vitesse, s'écria Caroline.

— Non, juste le Quatorze Juillet.

Le village s'embellissait de petits drapeaux tricolores au fronton de la mairie, en guirlandes dans les platanes place Chauvier et au format XXL sur la terrasse des Parisiennes. À faire pâlir de jalousie les antiquaires de bord de Seine, Mustapha, qui avait une âme de chineur né, mélangeait les styles avec une aisance stupéfiante. Berceau ancien, longues chemises de soie blanche brodées, vaisselier provençal, un joyeux bazar, un bric-à-brac coloré qui faisait le bonheur de tous.

— Où avez-vous donc déniché ces petites lampes en verre ? demanda Caroline.

— Elles sont superbes n'est-ce pas ? Quelques-unes pourraient apporter une belle note de couleur sur votre table pour ce soir. Vous voyez, il suffit d'allumer à l'intérieur une bougie chauffe-plat.

— Il me les faut toutes.

— Toutes ! Les cinquante !

— Absolument. J'ai un service à vous demander Mustapha. Vous qui avait un goût sûr, pourriez-vous décorer la table sur la terrasse avec ces petites merveilles ?

— Bien sûr. Vous pouvez compter sur moi.

— Vous nous ferez également plaisir de venir ce soir avec votre petite famille boire une coupe de champagne et admirer le feu d'artifice.

— Avec plaisir, mais...

Il fut interrompu par sa femme qui rugissait dans la cuisine. Il prit congé aussitôt et Caroline disparut dans un nuage vaporeux de lys et d'orchidées.

L'atmosphère s'était réchauffée doucement toute la journée et les petits drapeaux tricolores flottaient dans le vent. Les enfants sentaient à présent l'excitation de la belle soirée qui se préparait et la promesse du feu d'artifice. Une petite fille, blonde comme le Petit Prince de Saint Exupéry, assise sur le rebord de la fontaine devant la mairie, balançait ses jambes dans l'eau fraiche. Elle éclatait de rire à chaque bouillonnement d'écume lorsqu'elle claquait l'eau avec ses pieds. Marcel, conteur du village, captivait les enfants assis autour de lui avec les contes et légendes de Provence dans lesquels se succédaient le loup ou l'âne au gré des fantaisies du narrateur.

Pour cette soirée de fête nationale, les Parisiennes accueillaient leurs invités et mettaient un point d'honneur à mélanger les genres et à accorder de l'importance à chacune des personnes présentes. C'est ainsi que Monsieur le Maire discutait avec Jean-Paul, avec qui du reste il déjeunait tous les jeudis. Sylvie parlait recettes de cuisine avec Suzanne. Caroline, quant à elle, élaborait des théories philosophiques avec le curé. L'ambiance était chaleureuse, les petits fours exquis et le rosé bien frais désinhibait gentiment les esprits.

– Regardez ! Les lampions !

Les enfants qui étaient partis de la mairie à la tombée de la nuit marchaient dans les rues du village, des lampions colorés de toutes les couleurs à la main, salués sur leur passage par les villageois.

Jean et André encadraient la petite troupe. Le feu d'artifice qui suivit fut tout aussi apprécié et les deux amis qui connaissaient le déroulement de la soirée depuis leur plus tendre enfance se remplissaient les mirettes de souvenirs.

Les esprits empégués par les lendemains de fête démarraient leur journée au bar de Boniface. Sur le comptoir brillant, les morceaux de sucre tombaient, basculés d'un coup sec dans les petits noirs. Le père d'André entra dans le bistrot en titubant légèrement, le visage blême.

– Tiens, s'exclama Boniface, vient donc te mouiller la meule[7] avec du café, te promets que je ne mettrai pas de gnôle dedans. Et, donnez-lui une chaise, qu'est-ce qu'il y a mon vieux ?

– Louis est mort cette nuit.

Les tasses retombèrent sur le zinc, un long silence s'installa. Le père d'André avait repris ses esprits.

– Il est parti dans son sommeil, Marinnette est effondrée. Dites les gars, va falloir l'aider.

– Oui, je pars chercher le curé, proposa quelqu'un. On va lui faire des funérailles nationales à l'ancêtre.

– Et Jean ? s'inquiéta Boniface.

– J'ai demandé à André de le lui annoncer, c'est son meilleur ami.

7. Mouiller la meule : boire.

Dans la cuisine, Suzanne serrait dans ses bras Dédé qui sanglotait à grosses larmes lorsque Jean entra. Les deux garçons échangèrent un long regard. Sans rien dire, Jean monta dans sa chambre et s'assit sur son lit. Louis, l'enfant du pays, qui n'avait jamais exploré d'autres lieux que son lopin de terre, qui ne s'était jamais éloigné du pied de son arbre sous lequel il vivait heureux, l'avait quitté. Il était fier d'avoir enseigné la physique et les mathématiques, rabâché aux garnements du village, ceux-là mêmes qui se chahutaient au café du Commerce et qui évoquaient toujours leur maître d'école avec beaucoup de respect. Suzanne s'était assise près de Jean sur son lit.

— Il va beaucoup te manquer n'est-ce pas ?

— Il sera dans tous les jardins que je vais créer.

Suzanne ne comprenait pas de quoi son fils lui parlait. En même temps, le visage de Jean était si paisible que cela soulagea un peu sa peine.

Les garnements répondirent tous présents à l'appel pour porter à l'épaule le modeste cercueil. Et c'est accompagné par tout le village que Louis fit son entrée dans sa dernière demeure. Il était impossible de pousser les murs du petit cimetière, alors les villageois s'entassaient, voulant à tout prix rendre un dernier hommage à leur ami. Le curé faisait la circulation dans les allées avec son bréviaire à la main, car le cimetière était prêt à craquer comme un fruit bien mûr. Puis, il commença à prendre la parole.

— Constant, est-ce que tu vois Jean ?

— Non. Ne t'inquiète pas Suzanne, il ne doit pas être bien loin.

— Tout de même, c'est curieux, je pensais qu'il assisterait à l'enterrement.

À l'extérieur, assis au sol, le dos appuyé au mur d'enceinte du cimetière, Jean observait le ciel. Il n'entendit pas un seul mot prononcé par le curé et il crut à peine percevoir les sanglots de Marinnette. Un vent léger soufflait sur les nuages.

« *Tiens on dirait une trompe d'éléphant* »! se dit-il.

Le cumulus se transformait à nouveau sous le pinceau du vent.

« *Là! Voilà maintenant un poisson* ».

Longtemps, bien longtemps après que tout le monde eut déserté l'endroit pour laisser le silence reprendre possession des lieux, Jean se leva et poussa la porte du cimetière. Il s'approcha près de la pierre tombale et ses yeux se posèrent sur une couronne tressée avec de la viorne aux petites grappes de clochettes blanches. Elle ressemblait au bouquet d'une mariée et il y reconnut la façon de tresser de son père. Il s'agenouilla devant la tombe, se pencha et déposa un baiser sur le marbre frais.

« *Bonne nuit, Louis* » murmura-t-il.

La petite musique de l'été, celle des cigales fraîches accrochées aux arbres qui chantent leur joie de vivre, remplissait l'air parfumé. Boniface avait fermé son café pour cause d'enterrement et le village semblait assoupi comme en écho au repos éternel du « bon vieux », comme ils l'appelaient tous affectueusement. La décision de Jean s'ancra dans son esprit plus que jamais ce jour-là.

Il serait paysagiste.

Cintrée dans un ensemble jupe tailleur blanc et perchée sur des talons aiguilles, Sylvie s'apprêtait à sortir.

— Non, mais c'est une blague! s'étonna Caroline. Quelle classe, et qui comptes-tu épater, vêtue de la sorte?

— J'ai rendez-vous avec un magistrat.

— Alors là, je veux voir ça.

Aussi prestement qu'un coucou qui sort de sa boite à ressort, Caroline emboita le pas à son amie qui était déjà au volant de son cabriolet et qui démarra en trombe.

Sagement assises dans la salle du tribunal, les deux amies attendaient leur tour.

— Que dirait le juge s'il savait que tu as littéralement pulvérisé deux radars sur la route ? chuchota Caroline à l'oreille de son amie.

— Il dirait probablement que j'aime les voitures puissantes et surtout que je sais les conduire.

— Mademoiselle Moreau Sylvie, appela le greffier.

Les mains jointes comme une sainte en prière, Sylvie se tenait debout devant le magistrat.

— Mademoiselle, vous comparaissez aujourd'hui dans ce tribunal pour un délit d'excès de vitesse sur la voie maritime. Reconnaissez-vous les faits qui vous sont reprochés ?

— Tout à fait, monsieur le juge.

— Mademoiselle, vous devez respecter les limitations de vitesse dans la bande des trois cents mètres, à savoir cinq nœuds. Est-ce que vous avez bien compris ? Et si je vous revois dans ce tribunal, votre permis bateau vous sera retiré.

— Très bien monsieur le juge, inscrivez greffier et pas d'erreurs, sinon on est foutu.

Le magistrat leva les yeux au-dessus de ses lunettes et fronça ses sourcils noirs épais en réponse au trait d'humour de Sylvie.

— J'ose espérer que vous êtes plus prudente au volant d'une voiture, fit remarquer le juge.

Caroline posa une main sur sa bouche pour étouffer un éclat de rire.

— Ah, monsieur le Juge, vous êtes-vous déjà assis au volant d'une Aston Martin one soixante-dix-sept ?

Le magistrat ouvrit la bouche pour parler, mais Sylvie poursuivit, pleine de fougue.

— Elle se propulse grâce à un moteur essence

atmosphérique V 12, puissance 750 chevaux, le châssis est en carbone, habillage aluminium. Elle peut atteindre 354 km/h en test, c'est absolument fou la jouissance que cette voiture procure.

Cette tirade fut ponctuée par quelques sifflements admiratifs qui vinrent soudain réveiller la salle. Encouragée et absolument pas décidée à laisser le juge reprendre la parole, elle continua.

– Voyez-vous, j'ai tout de même eu la chance d'apprendre à piloter avec Monsieur René Arnoux, un ami de mon père. Et d'ailleurs, monsieur le Juge.

– Quelle honte, le volant d'une Aston Martin de cette puissance dans les mains d'une femme, souffla une voix d'homme dans la salle.

Le juge tapa un grand coup de marteau sur son pupitre pour ramener le calme. Sylvie lança un regard par-dessus son épaule et répondit sans se retourner.

– Je vous prends quand vous voulez sur circuit et vous verrez ce que vaut un moteur de 750 chevaux entre les mains d'une femme.

Caroline riait à gorge déployée, les hommes sifflaient mi-admiratifs, mi-moqueurs, même les gendarmes clignaient des yeux en imaginant 750 chevaux lancés au galop. Furieux, le juge se dandinait sur sa chaise comme s'il était assis sur des cactus et tapait vigoureusement avec son petit maillet en bois.

– Je vous ordonne de vous taire ou je vous inculpe pour outrage à la cour, lança-t-il à Sylvie.

Elle lui répondit par son plus beau sourire.

Que serait la vie d'un village en Provence sans ses parties de pétanque ?

Le frémissement des cigales remplissait le silence pour le faire chanter et les joueurs fraichement réveillés de la sieste composaient leurs équipes. Les boules s'entrechoquaient dans leurs mains, impatientent de jouer. Dans le rectangle en terre battue, les cochonnets roulaient, prêts pour l'échauffement. Quatre équipes de deux joueurs étaient en ordre de marche, présidées par Jean-Paul.

– Je commence la partie, Marcel regarde bien, lança-t-il à son équipier.

Avec plus ou moins d'habileté et de chance, les points se succédaient en leur faveur jusqu'à ce que Marcel eu la fâcheuse idée de mal jouer.

– Dis, tu le fais exprès, ma parole !

– C'est pas de ma faute Jean-Paul, je touche plus le cochonnet.

– Mets-y un peu plus d'ardeur, que diable.

– C'est que les boules sont lourdes.

– Oui, c'est bien ce que je dis, tu as la force d'une punaise morte en couche, mon ami. De toute façon, le point est à nous, déclara-t-il sur un ton péremptoire.

– Et Jean-Paul, c'est la chaleur qui te fait grésiller du carafon ? objecta Boniface. Je propose de mesurer.

Sur ces paroles, les joueurs sortirent leur mètre de leur poche et le terrain de pétanque prit des allures de chantier.

– Dites les gars, vous n'allez pas chipoter pour un demi-centimètre tout de même.

– Si Jean-Paul, laisse-nous vérifier, un point c'est un point.

Bientôt, le camp des punaises mortes en couche affrontait le camp des grésillés du carafon, boules de pétanque au poing agitant leurs mètres dans les airs comme des chefs d'orchestre.

– Alors c'est vrai ? Tu pars faire tes études à Paris ?

– Oui Dédé, j'ai décidé.

– Je suis content pour toi. Tu sais Jean, je garderai un œil sur les ruches de ton père, par contre, je ne viendrai pas te dire au revoir à la gare. Tien, garde ma casquette, comme ça tu seras obligé de revenir un jour pour me la rendre. Les mots s'étouffaient presque dans la gorge serrée d'André.

Lentement, en prenant le temps du voyageur qui visite des lieux qu'il découvre pour la première fois, Jean fit le tour du village. Au café de Boniface, il trinqua, une chope de bière à la main avec les habitués du comptoir. Dans la cuisine d'Albert, il savoura une délicieuse tarte aux pêches. Mustapha lui glissa dans la main un gri-gri africain porte-bonheur.

– Bonjour Denys, tes coucous qui chantent à tue-tête vont me manquer.

– Je me souviens lorsque tu étais enfant qu'ils t'effrayaient, alors tu t'enfuyais à toutes jambes.

Sans lever les yeux de son travail, Denys déposa un petit violon en bois devant Jean.

– Je l'ai sculpté pour toi.

– Merci Denys. J'apprécie beaucoup.

Jean souleva le petit instrument devant lui prés de son visage.

– Il sent le bois de ton atelier.

Il promena son regard sur les mille coucous, sur les outils et sur les mains de l'horloger pour imprimer chaque détail dans sa mémoire. Denys souleva les yeux de son travail. Il regarda son jeune ami avec tendresse.

– Je vais enfin pouvoir profiter des cerises de mon jardin.

Le visage de Jean s'anima d'un sourire malicieux.

Des parfums agrestes s'évaporaient de la terre et se distillaient lentement dans le vent qui rafraichissait l'atmosphère en cette fin d'après-midi. L'astre solaire se couchait lentement à l'horizon. Jean descendait un petit sentier emprunté autrefois par les mulets. Tout à coup, il stoppa net son pas. Au milieu de l'étroit chemin, un renard le regardait. Le jeune homme sentit battre son cœur très vite, l'animal à la toison de feu ne bougeait pas. Jean apercevait distinctement ses yeux qui brillaient comme des diamants dans la demi-pénombre. Il retenait son souffle et priait pour que ce moment se prolonge le plus longtemps possible.

Soudain, le renard sauta dans les herbes et disparut. Jean rentra chez lui. Suzanne s'agitait pour préparer les affaires de son fils, qui prenait le train pour Paris le lendemain matin. Cette soirée fut à la fois effervescente et pleine d'amour. Cette nuit-là, la rencontre inopinée avec le renard resta longtemps gravée dans l'esprit de Jean jusqu'à ce que ses yeux, lourds de fatigue, se ferment.

Sur le quai de la gare de Draguignan, Suzanne couvrit son fils de baisers, après lui avoir fait de si nombreuses recommandations qu'elle en perdait elle-même le fil. Constant le serra longuement sur son cœur.

— Travaille bien mon enfant et tu créeras des jardins merveilleux et n'oublie pas Jean, le bonheur est dans la lenteur.

PARIS

Jean franchissait les portes de l'école nationale supérieure du paysage. Il entrait de plain-pied dans un univers où son envie d'apprendre et sa curiosité avaient besoin de la stimulation nécessaire pour s'éduquer et canaliser son énergie débordante. De son petit village natal, à la ville de Versailles, le pas était gigantesque et grisant. Sur du papier à dessin toujours à portée de main, il envoyait à ses parents des lettres qu'il décorait de petits croquis, sur un carton une aquarelle du potager du Roi, dans le coin d'une lettre, un lys dessiné à l'encre de chine. Suzanne récitait par cœur ces lettres à chaque personne qui lui demandait des nouvelles de son fils et elle conservait précieusement tous ses dessins. Parfois, lorsqu'il lui manquait trop, elle montait s'asseoir sur son lit et elle plongeait des yeux rêveurs dans sa fresque murale.

Les enseignements en ateliers permettaient à Jean d'être en situation face à des projets. Tel un peintre qui regarde son modèle, il observait ce qui était sous son regard pour comprendre les plantes et travailler le vivant. Des sciences nouvelles s'offraient à son étude comme l'écologie, les enseignements artistiques et les techniques de programmation et de construction.

Installé dans un minuscule studio sous les toits, il avait utilisé l'espace au-dessus de sa tête pour créer un jardin suspendu. Son voisin de palier, blond comme un épi de blé et les doigts constamment noirs de poudre de graphite, utilisait sa pièce unique pour des séances de croquis de nus. Dans la rue, il recrutait ses modèles, les femmes aux formes généreuses avaient sa préférence.

— Regarde Jean, elle est belle comme une déesse.

— Oui, elle est ronde comme un violoncelle !

Le jeune homme vivait Versailles avec son imagination. C'est tout naturellement que les marchés lui offraient le plaisir du palais et qu'il découvrait le gingembre, la citronnelle, la cuisson en tempura, les desserts à base de poires et de figues. Il inventa même sa propre spécialité du risotto. Ces lieux, empreints de couleurs et de senteurs, lui rappelaient les marchés de son village natal.

Jean ne souffrait pas trop de l'éloignement, car il était complètement passionné par ses études, mais sa soif d'apprendre le rendait parfois impatient. Il ressentait alors une sensation de vertige comme celle qu'il avait souvent éprouvée dans le jardin de son père, le matin, à l'heure où l'aube se lève.

Année après année, les enseignements en ateliers s'organisaient sur des périodes plus longues et les territoires abordés étaient toujours plus complexes. Imprégné du monde du vivant auquel il désirait apporter un soin particulier, les pieds solidement ancrés dans la terre, il était régulièrement mis en situation, c'est ainsi qu'il créa un potager de variétés légumineuses anciennes et modernes qu'il planta en rond comme des bouquets qui s'offraient aussi bien aux yeux qu'à la récolte.

Ses blocs à dessin et ses crayons étaient rangés soigneusement dans son sac en bandoulière. Il prenait la terre dans ses mains, entourait les arbres de ses bras. Son approche du terrain intriguait quelque peu ses professeurs et suscitait aussi des plaisanteries des autres élèves, mais Jean s'en moquait, ses sens en éveil, toujours plus encouragé par des projets à grande échelle, il travaillait et donnait à son travail une empreinte particulière.

— Tu m'as transformé en nénuphar, c'est magnifique

Jean. Le corps d'une femme se transforme en fleur sous ton crayon.

– C'est tout simplement toi qui m'inspires, tes reins sont cambrés, tes fesses sont rondes comme les courbes d'un violon.

Les cheveux longs de Cynthia tombaient en cascade entre ses seins, la jeune femme posait assise sur une chaise en rotin, la tête légèrement renversée en arrière, elle admirait le jardin suspendu au-dessus de sa tête pendant que Jean la croquait.

– Sur quel projet travailles-tu en ce moment ?

– Sur une étude très intéressante. Il s'agit d'un immense jardin accolé à une école dont une partie est en friche. Je vais délimiter des carrés de potager et installer des serres pour les semis autour des salles d'étude, ainsi les enfants apprendront le travail de la terre dans une ambiance conviviale.

– J'aime la perception que tu as de la nature Jean, c'est si poétique.

– J'ai une devise, du beau pour réchauffer l'esprit et du bon pour réchauffer le corps.

Il laissa tomber à terre ses feuilles de dessin, souleva délicatement cette longue liane brune pour la déposer sur son lit et fit l'amour passionnément à son modèle qui ne dévoilait plus ses charmes que pour lui.

De la fenêtre de son bureau, Jean avait une large vue sur les paulownias de la place de Fürstenberg.

Plantées en rond comme sur un manège, les fleurs répandaient une odeur de violette dans l'air au moment de leur floraison. Il regarda le croquis épinglé sur un grand panneau de liège, son mur à dessins, comme il aimait à l'appeler. Ce premier jardin pour lequel il travailla, c'est un doux rêveur qui le lui offrit.

– Je n'ai qu'une seule exigence, lui avait-il dit, je veux

pouvoir observer la nature et m'isoler pour méditer.

Jean avait remarqué les boutons de manchettes mauves aux poignets de la chemise de son client, couleur de la spiritualité pour un homme apaisé. Muni de son carnet à croquis, il sortit un crayon de la poche de son blue-jeans et prit quelques notes.

— Je ne vais pas révolutionner votre jardin, mais plutôt déterminer les formes pour intervenir le moins possible sur la matière. Je vais aussi prendre connaissance des espèces de ce lieu et, enfin, me servir des vides et des pleins pour suivre les énergies tout en les respectant.

— J'ai hâte de voir les plans détaillés que vous allez me proposer.

— Vous n'en verrez aucun, tout au plus quelques ébauches rapides.

Au regard perplexe que lui jeta son interlocuteur, Jean répondit par un sourire réjoui qui fit danser quelques taches de rousseur au coin de ses lèvres, ses yeux bleus brillaient déjà de mille idées.

— J'ai également une exigence, poursuivit-il.

— Laquelle ?

— J'aimerais voir de quelle façon vous méditez.

La surprise se lisait maintenant sur le visage de cet homme à la stature imposante, aux mains épaisses et fortes qui contrastaient avec la légèreté de ses pas lorsqu'il déambulait dans son jardin.

— Vous me demandez de trouver un équilibre entre votre jardin qui est une pièce de votre maison et votre besoin de contemplation, alors j'ai besoin de comprendre ce que ce lieu vous apporte.

En cette fin d'après-midi du mois de mai, les rosiers sauvages distillaient dans l'atmosphère leur parfum. Le jardinier domptait quelques lianes lorsqu'il aperçut, appuyé contre un arbre, les bras écartés, paumes des mains et visage tendu vers le ciel, cet homme, en méditation profonde dont les lèvres remuaient comme s'il récitait une prière. Dans cet immense lieu qui ressemblait à une friche désordonnée, les espaces ouverts en côtoyaient d'autres où les roses et les digitales s'enchevêtraient en autant d'endroits secrets. Jean faucha quelques éléments pour mieux en sculpter d'autres et les formes denses de ses sculptures végétales semblaient chalouper, comme balancées par une musique silencieuse.

— Vous avez planté un peuplier ! s'émut l'homme aux yeux pensifs.

— Oui, c'est un bois tendre et fragile, mais léger.

— Et dans l'ancien régime, il était coutume de planter un arbre de mai en l'honneur de quelqu'un, précisa-t-il sur un ton reconnaissant tout en donnant une poignée de main chaleureuse au jardinier.

Max tapa deux coups rapides et passa sa tête rousse dans l'entrebâillement de la porte tirant Jean de sa rêverie.

— Jean, tu viens prendre un verre avec moi aux bains ?

— On est parti !

Deux mondes s'opposaient dans la vie du jeune diplômé. D'un côté, le faste du boulevard de Saint- Germain-des-Prés et de l'autre, le monde de la nuit. Dans les petites rues pleines de charme tout près de son lieu de travail, il aimait flâner et donner des rendez-vous galants. Avec l'ardeur de ses vingt-cinq ans, Jean s'émerveillait de ses nuits parisiennes. Les caryatides en bronze des bains douches le fascinaient. Il avait ses habitudes Place de la Contrescarpe, au sommet de la rue Mouffetard, séduit par son apparence de place de village. Le garçon qui lui servait ses cafés portait un grand tablier et sa casquette, penchée négligemment sur sa tête lui faisait penser à son copain d'enfance. Le sel de la nuit se goûtait au *Baiser Salé* où l'engouement pour le jazz éclaboussait les murs des lieux avec des photos d'artistes fendus d'un large sourire.

Le sel de la vie, Jean s'en nourrissait lorsqu'il suivait des yeux les jambes d'une inconnue qui montait les marches du métro devant lui, ses mollets fins, ses talons aiguilles qui claquaient sur le pavé...D'une rencontre d'un soir, il respirait les notes d'un parfum sur un tee-shirt en guipure.

Son voisin de palier, le gars qui avait toujours les doigts peints au brou de noix était devenu professeur de dessin à la Sorbonne. Lorsqu'il en trouvait le temps, Jean se faufilait dans la salle de travail de son ami. Il desserrait sa cravate, relevait ses manches de chemise jusqu'aux coudes et, sur de grandes feuilles blanches, dessinait le corps de rêve d'une fille aux cheveux rouges et au sex-appeal digne d'une Betty Boop.

D'autres soirs, aux deux magots, il observait les serveurs en habit noir et blanc qui valsaient dans la salle, leurs petits pots de chocolat à l'ancienne encore fumants perchés sur leurs plateaux et, assis à une table avec quelques amis, il savourait du regard une longue brindille blonde apprêtée dans une robe noire brodée de sequins.

Immergé et ouvert à la nature, le jeune paysagiste se taillait une réputation solide en France et à l'étranger. Les projets se bousculaient. Sur l'immense tableau en liège qui trônait dans son bureau, il continuait à épingler la photo de chaque site sur lequel il avait travaillé.

– Un café Gatsby ? C'est ainsi que le serveur accueillait Jean au café des Closeries.

– Evidemment, mon ami, répondait-il sur le ton d'un habitué des lieux.

Jean buvait la moitié de son café noir et crayonnait son carnet de croquis qu'il ne pouvait décidément pas lâcher. Quelquefois, il levait les yeux vers le lustre et il aurait donné n'importe quoi pour participer à l'une des bagarres splendides qui avaient coloré ce lieu.

Comment, en effet, ne pas imaginer Soupault suspendu au lustre, balançant des assiettes lors d'une bagarre générale ? Cela semblait surréaliste et délicieux à la fois, si délicieux à entrevoir que Jean pouvait passer des heures à bouquiner et à travailler dans cette brasserie.

L'île de Pantelleria offrait sa beauté primitive au jeune paysagiste. Installé dans un dammuso cubique, construit en pierres volcaniques et entouré de jardins, Jean était aveuglé par la blancheur éclatante comme la neige de la coupole qui servait de toit à la maison. Il vissa sa casquette sur sa tête et partit, accompagné du régisseur du domaine, faire le tour des champs de câpriers.

– Nous faisons encore la cueillette à la main, comme la pratiquaient nos ancêtres.

– Ces câpres sont toutes petites.

– C'est vrai et leur saveur en sera d'autant plus délicate ainsi que leur arôme prononcé.

– Vous m'avez parlé de jardins typiques, j'avoue que vous avez excité ma curiosité.

– Voyez vous-même.

Tout en marchant, ils étaient arrivés près d'un jardin. Le régisseur ouvrit la porte.

Ils pénétrèrent par cette ouverture unique dans une petite forteresse circulaire bâtie de hauts murs de trois mètres en terre sèche et ouverte au sommet.

– Ces murs protègent les plantes contre le fort vent de l'île, expliqua-t-il.

– Et par cette porte, on entre dans un véritable jardin secret. Mais qu'attendez-vous de moi ?

– Nous aimerions réhabiliter ces jardins anciens. Nous avons eu énormément de travail avec l'exploitation des champs de câpres et malheureusement peu de temps à consacrer à ces lieux magnifiques qui sont à l'abandon depuis trop longtemps.

Le régisseur retira son chapeau pour s'éventer et il fit un large geste de la main pour désigner l'endroit.

— Vous avez carte blanche, monsieur Malherbe, ajouta-t-il.

Comme un paysage qui se renouvelle au gré de la vie, Jean se renouvelait au gré de la nature. Il emprunta les sentiers anciens pour découvrir ce paysage sauvage, cette campagne décorée de murets anthracite. Au cours de ses promenades sur les marchés, il dessinait dans son carnet des oignons rouges, des artichauts, des aubergines, les variétés d'épices utilisées pour préparer un ragoût méditerranéen servi avec des courgettes. Chaque matin, il partait avec les cueilleurs de câpres et sa pelle à la main, il bêchait la terre d'un jardin. Il inspectait les murs pour s'assurer qu'ils ne nécessitaient pas une réparation. Dans chaque jardin, Jean mit à l'honneur un agrume, oranger, citronnier ou mandarinier. Les paysages étaient vivants et sauvages, au cobalt de la mer se mêlait le vert des vignes et des vallées soulignées par la couleur charbon de la lave. À Pantelleria, les jardins étaient dans le vent et Jean avait simplement à tendre les mains pour les façonner. Il finissait ses journées de travail par de longues balades à travers les forêts de pins maritimes, dans une végétation de maquis aux parfums envoûtants. Dans les verres de la salle de réunion, le vin de la fille du vent faisait briller sa robe dorée sous les yeux de l'équipe des paysagistes.

— Qu'est-ce que c'est cette perspective que tu dessines à l'infini Jean ?

— Un projet que j'ai peint, adolescent, sur le mur de ma chambre.

— Les gars, si vous avez un projet de perspective avec vue sur la mer dans vos cartons...

— En attendant de travailler sur une belle ligne de fuite, voici quelque chose qui pourrait t'intéresser. Il s'agit de réhabiliter les espaces partagés en jardins d'un lavoir situé en plein Paris à Belleville.

– Un lavoir ! Mais c'est le cabaret des femmes, comme on dit en provençal.

– Pas possible, pour danser ? demanda Max.

Un grand éclat de rire général retentit, le liquide couleur or se reflétait dans les verres.

– Voilà un gars de la ville, s'exclama Jean, la bugado en provençal, mon ami, cela veut dire laver le linge.

– Alors, c'est toi qui t'y colles, le gars de la campagne.

Max fit glisser le dossier sur la table.

– OK, le cabaret des femmes est pour moi.

Le mur d'entrée était recouvert d'un mètre d'épaisseur de lierre qui vibrait du chant des oiseaux. Séduit par l'esprit de famille qui se dégageait de cet ancien lavoir réaménagé en lieu d'habitation, Jean concentra l'essentiel de son travail sur les lieux communs de vie. Il capta très vite l'attention des enfants, car pour eux ces espaces étaient une source de découverte et de jeux. Il s'engagea donc résolument sur les espaces collectifs en les nouant entre eux de tonnelles végétales pour accueillir la convivialité. En se baladant dans le quartier des ateliers d'artistes de Belleville, Jean poussait les portes de mystérieux appartements écrasés entre deux boutiques dans de minuscules allées. C'était peut-être un peu étrange d'imaginer la vie derrière ces portes, mais Jean était d'une nature curieuse, il avait donc ouvert ces portes pour découvrir les studios d'artistes et les jardins intérieurs inondés de soleil. Certains passages avaient sa préférence, celui où la vigne vierge, têtue, sautait de fenêtre en fenêtre, où la glycine en fleur donnait un air de campagne à Paris. Parfois, il se faufilait par un trou de souris place Monge et les petites rues pavées lui offraient le Paris d'un autre temps aux murs blancs des maisons recouverts de plantes grimpantes. Alors, la turbulence de la ville s'évaporait brusquement.

Quelle chance d'apprécier la tranquillité de ces espaces clos qui se cachaient des regards extérieurs.

En levant les bras, Jean caressait la voûte des feuilles au-dessus de sa tête. Il pénétrait dans un espace immense dédié à l'art comme dans un musée et il adorait découvrir des endroits intimes pour discuter en tête à tête avec un peintre ou un graveur sur bois. L'esprit encore vibrant de ces nouvelles découvertes, il se tenait appuyé contre son bureau, les mains dans les poches. Il regardait les photos en couleurs et en noir et blanc épinglées sur son tableau, souvenir de chaque projet, mais, aucune perspective sur la mer, songeait-il.

Il posa un regard un brin songeur sur son billet d'avion, Paris-Londres.

Une poupée brune, la tête décorée d'un chapeau à voilette brodée en tulle d'organza et paillettes s'engouffra dans la Gordini rouge sportive de Jean.

— Nous ne passons que deux nuits à Londres, peux-tu me dire pourquoi ta valise est si grande ?

— Parce que je suis une Parisienne jusqu'au bout des ongles, une Française et je vais faire admirer la french touch aux anglais.

— Et nul doute que tu vas les épater avec ton bibi à paillettes.

— J'ai emporté tous mes chapeaux les plus fous pour faire honneur aux Anglais bien sûr, mais j'ai oublié toutes mes nuisettes, lança-t-elle avec un battement de cils coquin.

L'hôtel où ils s'installèrent était coincé entre de petits immeubles aux couleurs acidulées. *C'est fou*, se dit-il, *on se croirait à Paris rue Crémieux, avec toutes ces couleurs bonbon.* Dans la rue qui les menait au marché aux puces de Camden Town, Jean se retourna sur deux jeunes femmes habillées de robes ultra-courtes aux teintes arc-en-ciel. Le moindre carré de trottoir excitait les branchés en quête de bonnes affaires. Jean observait d'un regard amusé son ingénue petite amie qui s'entortillait le cou avec un boa rose et négociait le prix avec acharnement, comme si sa vie en dépendait.

— Je vis une période riche en évènements, lança-t-elle après avoir remporté le trésor tant convoité.

L'effervescence de la scène club et mode londonienne se vivait dans la rue. Tous les styles, des plus saugrenus aux plus classiques se juxtaposaient les uns à côté des autres, accrochant le regard de Jean et sur le canal qui bordait le marché, les péniches rivalisaient d'inventivités fleuries, très excentriques, avec leur style so british.

Ils descendirent dans le tréfonds du marché, Jean se tordait le cou dans l'escalier roulant pour regarder les deux filles enfermées dans des cages au-dessus de sa tête, qui se déhanchaient sur une musique infernale.

— Je sais ce que tu es en train de faire.

Jean était fasciné, la tête renversée en arrière, il parcourait du regard les grappes de fraises et de groseilles en céramique rouge qui décoraient le plafond du restaurant dans lequel ils étaient entrés.

— Je travaille Isabelle, j'imagine…

— J'en étais sûre, j'étais certaine que le style anglais te plairait.

Ce soir-là, c'est dans un ancien théâtre transformé en discothèque qu'ils finirent la soirée. Interrompus dans leurs étreintes par un colosse qui leur demandait d'arrêter de se peloter et de quitter les lieux, Isabelle jeta sous les yeux de Jean un carton d'invitation noir satiné.

— Qu'est-ce que c'est ?

— Demain soir, nous danserons sur le toit d'un pub à Covent Garden, so chic !

Les nuits trépidantes parisiennes succédaient aux nuits londoniennes et d'ailleurs. Cependant, Jean se sentait de plus en plus confus. Quelque chose lui manquait, mais il n'aurait pas su dire ce que c'était.

— Jean, une femme a téléphoné pour te parler d'un projet et elle a insisté, elle ne veut parler qu'à toi.

Il ne répondit pas, le crayon qui tournoyait entre ses doigts tomba brusquement sur la table.

— Son numéro de téléphone, s'il te plait Jean, rappelle là.

Moreau, écrit sur le petit bout de papier, ce nom lui disait vaguement quelque chose. Jean avait trente ans. Sa notoriété était en grande partie due à ce lien exceptionnel qu'il entretenait avec la nature. Il était invité à parler de son métier dans des universités et souvent sollicité pour des émissions télévisées. Les jardins vivaient leur propre vie au rythme des saisons que le paysagiste ne pouvait prévoir, alors, avec son œil observateur, son crayon d'architecte et ses mains de jardinier, il façonnait la nature tout en la respectant et sans jamais la soumettre.

Sa voix avait vieilli, mais elle avait gardé son ton autoritaire.

— Jean, que vous êtes devenu beau et comme j'ai vieilli !

— Je vous en prie Sylvie, vous avez toujours un sourire charmant.

— Et séducteur en plus ! Venez, lui dit-elle en le prenant par le bras pour le conduire dans le jardin.

— Respirez le parfum de ces roses de mai Jean, si subtil et qui me rappelle ma Provence. Je veux agrandir le jardin.

— L'agrandir ! Qu'est-ce que vous entendez par là ?

— J'ai besoin d'espace. Je suis souvent nostalgique de mes virées au volant de mon cabriolet sur les routes du Var.

Jean restait silencieux, songeur.

— Souvent, je m'assois sur cette chaise. Vous allez me prendre pour une folle et je m'en fiche complètement par ailleurs, si je vous dis que j'ai de longues conversations avec mon amie Caroline.

— Elle vous manque beaucoup, n'est-ce pas ?

Sylvie leva vers Jean un regard bouleversé par une profonde lueur de sérénité.

— C'est très étrange. Son corps physique est bien là, mais son esprit est si loin de moi.

— Comment faites-vous, je veux dire...

— Comment faire lorsqu'elle me regarde et me demande qui je suis, alors que nous avons une histoire d'amitié vieille de plus de 30 ans ?

Sylvie resta silencieuse un instant, puis son visage s'anima d'une expression pleine de gaieté.

— Et bien, nous faisons connaissance. Et c'est très drôle, car elle est si perdue dans son univers. Je ne sais par quel tour de magie elle revient inopinément dans notre monde, alors elle se met à parler comme un moulin et nous partons tambour battant dans des conversations incroyables. Vous savez Jean, l'amour que je lui ai donné, elle l'a emporté avec elle et je le retrouve dans nos très rares, mais très riches moments de complicité. Cette âme magnifique veille sur moi, à sa façon.

Et vous Jean, êtes-vous retourné quelquefois à Bargemon ?

Ils se dirigeaient vers une grande serre.

— Votre silence en dit long.

Sylvie marqua une pression sur le bras du jeune homme.

— Mon travail et les projets qui me réclament tout mon temps me passionnent, j'y mets toute mon énergie.

— Bien sûr et c'est pour cela que je voulais le meilleur paysagiste de la place de Paris, mon ami. En même temps, êtes-vous heureux ?

— C'est drôle que vous me posiez cette question parce que j'ai la sensation que quelque chose me manque, mais je n'arrive pas à comprendre ce que c'est.

Sylvie s'arrêta de marcher, ses deux mains posées sur le bras de Jean, elle le dévisagea avec un sourire tendre.

— Vous croyez ne pas savoir, mais si vous réfléchissez bien, je suis sûre que vous connaissez la réponse.

À sa grande surprise, lorsqu'il pénétra dans l'immense serre du jardin, des odeurs d'essences provençales vinrent percuter son nez. Avec un soin particulier et beaucoup de patience, la vieille dame avait composé un jardin d'intérieur dans lequel elle aimait s'asseoir pour peindre ou lire un bon roman. Jean décida de réveiller les allées de buis avec quelques jarres aux couleurs vives rapportées de Provence, elles accueillirent des rosiers qui ne demandaient plus qu'à s'y épanouir. Il décida, également, de rabattre une longue ligne de cyprès pour aider le soleil à épouser complètement la serre, puis, il plaça une chaise pour Caroline à côté de celle de Sylvie, tout près des orchidées ses fleurs préférées.

— Tu l'as patiemment attendu. Ce projet est titanesque et il est pour toi Jean.

Dans la salle de réunion, l'ambiance était studieuse et les projets se distribuaient en fonction des désirs de chacun. Les photos du site remarquable montraient une nature indomptée depuis si longtemps que cet immense espace naturel ressemblait à une forêt vierge. Les travaux avaient démarré depuis deux ans sous la surveillance du conservatoire du littoral, cependant, il manquait un lien, comme une passerelle entre les restanques du haut et celles qui étaient en contrebas, proches de la méditerranée.

La côte maritime dessinait des falaises qui tombaient à pic dans la douce bleue. À pleins poumons, Jean respirait et il resta longtemps, très longtemps à observer ce paysage roux, bleu et verdoyant où le massif des Maures plonge dans l'azur, face aux îles d'or.

Convié à partager le repas des jardiniers du domaine, il fut immédiatement immergé dans ce lieu d'une beauté époustouflante. Sans carnet de croquis, mais avec ses sens en éveil et ses mains pour caresser les arbres, Jean parcourait le jardin du Rayol-Canadel et il dessinait mentalement un patchwork de jardins méditerranéens. Le vent soufflait légèrement et l'endroit était silencieux, comme endormi. Il se penchait pour découvrir des surprises ensevelies sous l'humus au pied d'un arbre, des bruyères arborescentes, des semis de mimosas. Il prenait du recul pour mieux comprendre les perspectives. Il fermait les yeux pour se concentrer sur le murmure des vagues et il posait sa main en visière pour adoucir son regard des rayons éblouissants du soleil.

Un vieil homme qui lui avait appris, il y a bien longtemps, à dessiner des lignes de fuite occupait toutes ses pensées. Jean ne voyait plus le paysage, il dessinait des lignes dans son esprit et laissait courir les courbes de ses pensées. Le premier travail consista à restaurer un escalier encadré par deux belles rangées de cyprès majestueux et d'arbustes de plus petite taille. Les vieilles pierres enfouies sous un manteau d'herbes furent nettoyées et les marches que Jean parcourait tous les jours dirigeaient ses pas vers une minuscule ronde de végétation, un îlot clos de bosquets aux verts variés. En haut de l'escalier, le regard tendu vers cette vue qui se jetait dans la mer, le visage baigné d'une douce lumière matinale, Jean leva les bras devant lui, « *Louis, mon ami* », murmura-t-il, « *ce chemin est pour toi* ».

Il avait le goût salé de la mer sur sa peau, les cigales s'époumonaient, des parasols de toutes les couleurs décoraient la plage de Saint Clair et la mer bleue était parsemée des petites voiles blanches des bateaux de plaisance. Jean savourait son bonheur, avec lenteur. Emballé et tout à fait conquis par la magie des lieux, le paysagiste offrait ses conseils et ses croquis sans compter ses heures tout en souhaitant que le temps, suspendu au-dessus de l'étendue liquide, immobile, s'arrête pour toujours. C'était sans compter sur un projet qui l'attendait à Savoca en Sicile. Par la fenêtre du train qui l'éloignait de ce lieu fécond, il regardait défiler la côte et il comprit ce qui lui manquait tant dans sa vie.

Un vent chargé d'un parfum puissant de fleurs d'oranger soulevait le voilage blanc de la fenêtre de sa chambre d'hôtel. Jean écarta les rideaux et respira à pleins poumons. Dans la rue, des enfants couraient en direction de l'église, les petites filles habillées de robes en dentelle fine étaient coiffées de couronnes de fleurs fraiches. Un cortège d'hommes et de femmes endimanchés chantait avec bonheur l'union qui allait se célébrer. La jeune mariée, les mains croisées sur un bouquet de fleurs roses, lançait des sourires timides et lumineux. Les cloches de l'église de Savoca sonnaient à toute volée lorsque soudain des pétards, comme des claquements de balles, sifflèrent dans les airs.

Une voiture s'arrêta à côté de Jean. Assis sur le capot arrière du cabriolet au rouge vif, un pistolet au poing, une chemise blanche ouverte sur un torse viril, l'homme ordonna.

— Montez, nous vous conduirons au domaine de monsieur Gatti.

— Est-ce que c'est une coutume locale d'accueillir vos hôtes avec une arme ?

— Non, c'est pour fêter la noce et le futur marié n'a qu'à bien se conduire, rétorqua l'homme en agitant son arme au-dessus de sa tête avec un sourire arrogant.

Jean eut immédiatement la sensation d'un vécu authentique. Le cabriolet rouge cerise roulait tranquillement, il ferma les yeux un instant. Il se concentrait sur la sensation du vent dans ses cheveux, comme une main invisible qui le caressait. La voiture freina pour franchir la lourde grille du domaine. Une allée plantée de citronniers et de mandariniers distillait dans l'air chaud du matin un parfum extraordinaire, lequel projeta Jean instantanément dans la cuisine de sa mère en Provence.

La maison respirait au rythme du bavardage des femmes et des enfants qui couraient d'une pièce à l'autre. Son regard fut attiré par les nombreux vases en porcelaine tous chargés d'un bouquet aux couleurs chatoyantes. Les parfums qui s'en dégageaient, s'emmêlaient et s'entrechoquaient apportant une touche de fraîcheur supplémentaire au rire des enfants. Puis, tout à coup, un silence étourdissant saisit toute la maison, les enfants disparurent comme par enchantement. Un vieil homme voûté sous le poids des années dont le corps lourd nécessitait une canne pour se déplacer marchait à sa rencontre. Les enfants et les femmes avaient pris place autour de la table sur la terrasse.

— Monsieur Gatti, je suis enchanté de faire votre connaissance.

— Asseyez-vous, monsieur Malherbe, et prenez votre déjeuner avec nous.

À cette invitation qui ressemblait à un ordre, Jean obéit.

— Avez-vous été bien accueilli ?

— Comme il se doit monsieur Gatti, au coup de revolver !

Gatti tourna la tête avec difficulté vers Jean et le scruta de longues minutes.

Puis, son visage s'éclaira d'un sourire.

— Bien. Je vois que vous avez de l'humour et j'aime cela.

— Et bien, je dois dire que je ne m'y attendais pas. J'ai eu l'impression d'assister à mon enlèvement.

À ces mots, quelques rires fusèrent autour de la table.

— Prenez le temps de regarder autour de vous monsieur

Malherbe. La religion est omniprésente ici. Si vous avez eu l'impression qu'il règne dans cette atmosphère un petit air maffieux...

Le patriarche s'interrompit. Il braqua son visage chauffé par le soleil sicilien depuis si longtemps que des rides profondes balafraient sa peau craquelée et son regard était si pénétrant que Jean comprit qu'il devait baisser les yeux. Changeant brusquement de sujet, il poursuivit.

— Cette terre appartient à ma famille depuis plus de cinquante ans et je veux voir encore la beauté de mon jardin avant de quitter ce paradis. Je veux transmettre la magie de ce lieu à mes enfants, c'est pourquoi j'ai eu connaissance de votre réputation de paysagiste.

Le déjeuner se déroula dans une ambiance familiale qui plut à Jean. Les femmes étaient d'une beauté et d'une rondeur italienne à tomber à la renverse, leur féminité raffinée et racée leur donnait une sensualité à la fois charnelle et féline. Les enfants chuchotaient dès que le patriarche prenait la parole. À la fin du repas, il se leva très péniblement. Jean fit un geste pour l'aider, mais une main virile l'en empêcha.

— Faites, ce que bon vous semble de ce jardin, monsieur Malherbe, mais faites-le pour mes petits-enfants, pour qu'ils continuent à aimer cette terre et qu'ils la transmettent à leur tour. Je veux qu'ils se laissent envoûter chaque matin de leur vie par ce lieu calme lorsqu'ils entendent l'Ave Maria que la grande église diffuse dans tout le village.

Sans autres explications, il se retira. Jean se promena dans le jardin. Le calme qui émanait de ce lieu était quasi mystique. Il savait que la nature déjouerait tous ses plans. La vue sur l'Etna enneigé était si magique qu'il eut l'idée de concevoir ce jardin comme une pierre fleurie. Comme un sculpteur de pierres des marquises, Jean cisela la végétation et ce qui le surprit fut la diversité des espèces, houx et orchidées, citronnier et châtaignier, genêts et agaves aussi opposés que complémentaires.

Un des fils de Gatti, le plus jeune, au caractère impétueux, celui qui avait la gâchette facile proposait à Jean, chaque fin d'après-midi, de prendre un verre au bar Vitelli. Cet endroit, que les mâles du village considéraient comme leur deuxième maison, impressionnait le jeune homme pour l'atmosphère sicilienne qui s'en dégageait. Non qu'il s'agisse d'une odeur corporelle, mais plutôt d'une sensibilité, une manière de s'aborder et de discuter entre hommes avec toute la virilité dont les italiens sont capables. Jean ne se lassait pas de découvrir des pays aux coutumes pittoresques, pourtant, un projet bien plus important à ses yeux, lequel nécessitait des visites régulières, occupait son esprit, comme une maitresse qui lui aurait laissé à chaque visite un souvenir toujours plus tenace. Jean retournait travailler et contrôler l'avancée des travaux au domaine du Rayol-Canadel.

Avec un plaisir sans cesse renouvelé, il créait des liens solides avec son équipe. Il fallait être un peu devin pour être capable d'envisager cette énorme friche naturelle et pour la façonner avec dextérité et patience. Peut-être à cause de ses racines si profondément ancrées dans la Méditerranée, Jean portait ce projet avec un amour infini pour son travail. Néanmoins, il éprouvait toujours la nécessité de nourrir son espace intellectuel et de laisser ses mains toucher d'autres terres. D'autre part, il se rendit compte que toutes ses expériences enrichissaient d'une manière ou d'une autre le domaine du Rayol.

Accoudé au bastingage, il observait le littoral verdoyant de l'île de beauté. Il attendait avec impatience l'accostage du bateau à Porto-Vecchio. L'expérience qu'il venait tenter en Corse était d'une nouveauté excitante et cela sur deux points. Le premier était en relation étroite avec sa mère, puisqu'il posait les pieds pour la première fois sur le continent où prenaient naissance ses origines maternelles.

Ce souvenir, par la force d'une senteur subtile de vanille distillait son pouvoir rassurant, et la note de fond celle de la lavande, lui apportait émotionnellement une joie solaire.

Mais n'y avait-il que cela ? Il savait que le nom de jeune fille de sa mère, Paladini, signifiait guerrier en Corse. À cette seule évocation, Jean avait envie de rire. Il n'était pas un guerrier au sens noble du terme, en même temps, il se sentait parfois l'âme d'un lutteur. Cette force, il la tenait de sa mère, qui malgré les épreuves de la vie, lui avait toujours montré l'exemple d'une vie digne, tel un sémaphore qui brille dans la nuit. La route de Jean ne se perdait jamais lorsqu'il pensait à elle.

La seconde, était un projet un peu fou, cependant tout à fait sérieux, puisque des scientifiques et des botanistes de grande renommée se rencontraient, certains pour la première fois, pour comprendre et expliquer le génie naturel mis au point par la nature.

Jean se souvint de sa rencontre formidable avec un moine tibétain. Il l'avait tout d'abord regardé, songeur, habité par sa méditation, ce moine ressemblait à une mante religieuse avec un faux air de none en extase [1], puis, après avoir conversé, il lui avait dit,

« Maintenant, nous sommes amis, car nous avons échangé plus de sept mots ».

Et les arbres, étaient-ils trop timides pour se parler entre eux ou bien échangeaient-ils comme de grands philosophes ?

Essayer de comprendre par quel moyen les acacias des savanes se donnent l'information les uns aux autres pour se protéger de l'appétit des girafes en sécrétant de l'éthylène

1. Mante religieuse, Lou Prégo Diéou, un faux air de none en extase, Jean-Henri Fabre.

semblait une gageure, mais oh combien passionnante.

La première pièce de la maison de ces scientifiques fut donc un jardin et avec cette prédisposition spéciale qui permettait à tous ces chercheurs d'étudier la nature, leurs journées se succédaient avec satisfaction. Comme dans un livre de Bosco, les repas s'y partageaient dans un cabanon au bout de la mer, sur les rochers, avec le bruccio de Jean Cardi et le délicieux aziminu[2] de Ange Paoli. Jean voulait découvrir la mentalité corse, poussé par une force intérieure inhabituelle, par son désir de taquiner ses origines, les portes de l'île de beauté s'ouvrirent toutes grandes lorsqu'il confia quelques mots sur ses origines maternelles et c'est autour d'un verre de liqueur de myrtes au parfum champêtre exquis que l'insulaire se révéla tout d'abord sous les traits d'un homme de la terre. Il avait des mains larges et burinées par la force du travail, elles n'en étaient pas moins douces avec ses brebis.

Son regard franc vibrait sous l'éclat bleu de ses yeux et son corps, courbé par le labeur du travail, ressemblait à un instrument à cordes, une contrebasse bercée doucement par son accent du terroir.

– Tu vois Jean, c'est la Corse qui coule dans tes veines.

La couleur rouge du fruit tirant sur l'indigo brillait par transparence dans son verre, Ange attendait la main de Jean pour trinquer avec lui.

– Dis donc Ange, les alambics ne sont-ils pas clandestins ?

– Clandestins, sans aucun doute, et c'est pour cela que ce sont les meilleurs.

Je vais te raconter une histoire. Mon frère, nous étions jeunes n'est-ce pas, il faut que tu comprennes que déjà notre grand-père fabriquait son alcool de myrte, c'est un peu comme une tradition familiale tu vois ? Donc, bravant

2. Aziminu : bouillabaisse corse

l'interdiction de pénétrer dans la grange, Anto s'était mis dans l'idée de mettre en route toute la mécanique.

— Il devait avoir vu votre grand-père faire l'opération des milliers de fois.

— Des millions ! Le problème, c'est qu'on ne se déclare pas distillateur du jour au lendemain.

— Et alors ? questionna Jean, dont l'esprit engourdi par le sucre du maquis corse, commençait à lui faire tourner la tête gentiment.

— Il a fait exploser la grange et il a été catapulté à travers la porte.

Jean éclata de rire, ses yeux brillaient des larmes qui embuaient son regard.

— Et je parie que depuis ce jour il fait le meilleur alcool de myrte de toute la région.

— Oui, mais avant cela il a reçu une correction que les chèvres en rient encore.

Après avoir bien ri, Ange écrasa une larme d'un revers de main et conclut,

— Si tu te fais pas un peu taquiner, tu maitrises pas.

Entre les forêts aux verts entremêlés et les vagues frémissantes, Jean se surprenait quant à son besoin de réponses sur ses origines. Les histoires fabuleuses, teintées de mystère que lui racontait sa mère prenaient toute leur importance dans cette île aux senteurs sauvages. Assis dans la cuisine, chipant quelques fruits coupés que Suzanne avait préparés pour agrémenter une bonne pâtisserie, Jean écarquillait les yeux de plaisir en écoutant l'histoire de la fée du Rizzanese, mais sa préférée, celle qui le faisait trembler, parfois, le soir dans son lit, était sans aucun doute l'histoire de la Mazzera, la femme chasseuse d'âme. Elle sortait la nuit pendant son sommeil pour pratiquer une chasse bien particulière. Armée d'un couteau, elle tuait un animal, de préférence un sanglier et lorsque celui-ci était abattu, elle se penchait vers lui et y voyait le visage de celui qui allait mourir dans l'année.

Jean avait fait le tour du monde comme les marins enterrés au cimetière de Bonifacio et rentrés au pays pour reposer en famille. La ligne d'horizon bleue de la mer se noyait dans le halo orangé des derniers rayons du soleil. Les chapelles étaient en marbre de carrare et les croix se pressaient les unes à côté des autres, dressées vers le ciel. L'air était pénétré des effluves marins et Jean se sentait chez lui. Il n'eut pour seule compagnie, ce soir divin de pleine lune, que le vent de la mer qui faisait vaciller la lumière de quelques lampes qui projetaient des ombres dansantes sur les murs des chapelles. Sa mémoire était d'une limpidité extraordinaire, cela avait peut-être un rapport avec la magie du lieu. Soudain, un souvenir jaillit dans son esprit avec l'éclat d'une étincelle.

Un jour, il avait surpris son père qui refermait le couvercle d'une belle petite boite en bois sculpté. Il la gardait précieusement dans une niche de la bibliothèque.

Mais quel trésor pouvait-elle bien renfermer ?

À peine son père eut-il quitté la pièce, que Jean soulevait à son tour le couvercle. La surprise fut de taille lorsqu'il s'aperçut que le trésor n'était pas la chrysalide d'un insecte encore méconnu ou alors une carte mystérieuse, mais une vieille photo jaunie. L'homme était ceint d'une large ceinture noire et d'un pantalon bouffant, son visage était sérieux avec un regard dur. Jean promena ses doigts sur le papier épais, il ne pouvait plus détacher son regard de cet aïeul lointain.

C'est son ami Dédé qui le força à replacer le trésor dans sa boite. Dans la famille Tisgri, la chasse se pratiquait de père en fils, c'est donc tout naturellement que Dédé proposa une sortie à Jean.

— Tu sais Jean, mon père sera avec nous et ton oncle

Émile aussi.

Jean n'aimait pas forcément la chasse, mais la présence d'Émile était pour lui l'occasion d'avoir de grandes conversations sur sa famille. De tous les chasseurs du village, Émile était celui qui adorait le plus les bécasses. Il avait l'habitude de dire que cet oiseau était très intelligent et qu'il se méritait. Et, quel que soit le nom qu'Émile lui donnait, la draine, la siffleuse, la chiqueuse, c'était la litorne qui, dans sa bouche, prenait le mieux l'accent provençal, le chacha, pour désigner l'oiseau tant convoité. Ysis, le magnifique setter anglais du père d'André, à la robe blanche tachée de noir et au regard un peu triste ouvrait le bal à la bécasse. La truffe au sol, acharnée et galvanisée par l'odeur du gibier, d'ordinaire craintive, elle devenait méconnaissable, mais obéissante aux ordres de son maître, les chasseurs lui emboitaient alors le pas, casquettes vissées sur la tête et fusils à l'épaule. Parfois, lorsque les hommes la perdaient du regard, c'est la cloche qu'elle avait au cou qui les alertait. Jean suivait la troupe en dernier car c'est à la nature qu'il accordait toute son attention.

Dans le lointain, il reconnut le Grand Margès, le plus haut sommet des gorges du Verdon. Jean devait se frayer un chemin entre les chênes dont les branches étaient recouvertes de lichen. Parfois, il grommelait entre ses dents, pestant contre les buissons épineux qui lui griffaient les jambes. Émile avait toujours un bon mot, ce qui avait le don de faire rire les garçons.

— Bougre, quel terrain ! Mais je me mettrai jamais au sanglier que même pas Jésus-Christ il passe, tellement il a peur.

Et le vol des pigeons ramiers ramenait bien vite les chasseurs à leur désir, puis ils en oubliaient les tracas du terrain. Ysis, haletante, couchée au sol, attendait l'ordre de son maître pour repartir. Jean marchait précautionneusement sur un sol couvert de feuilles rousses, il s'agenouillait prés de minuscules crocus rose pâle pour les observer au plus près. Dans une besace qui ne le quittait jamais, il ramassait des mousses cueillies sur des pierres, des plumes tombées d'oiseaux fabuleux ou des touffes de poils de moutons. Ysis étanchait sa soif dans un trou d'arbre qui avait recueilli un peu d'eau de pluie.

– C'est bien ma belle, lui disait Émile tout en la caressant.

– Dis Émile, je peux te demander quelque chose ?

– Bien sûr Jean.

– Est-ce que tu connais l'homme sur la photo, tu sais, celui qui est dans la boite en bois dans la bibliothèque à la maison.

– Tu veux certainement parler de Louis.

Jean restait silencieux. Il se grattait la tête d'un air gêné. Émile mit son bras autour des épaules du jeune garçon.

– Viens Jean, nous allons discuter un peu tous les deux.

– Et la chasse Émile !

– Ne t'inquiète pas, nous rattraperons les chachas plus loin.

Alors, Émile commença à raconter l'histoire de l'homme sur la photo qui quitta la Suisse avec sa femme et ses huit enfants pour embarquer à Marseille. Le voyage fut long, certaines familles se déplaçaient en chariot, d'autres en diligence, c'était en 1830. Et puis, après la longue traversée de la mer, l'Afrique, terre de toutes les espérances, s'offrait enfin à leurs yeux. Jean et Émile s'étaient assis sur un rocher et l'enfant buvait littéralement les paroles de son oncle.

La traversée et l'installation de la famille avaient été léguées à travers les générations, comme un testament, grâce à une lettre précieuse qui fourmillait de détails sur la famille du père de Jean. La compagnie genevoise installa les colons suisses dans la région de Sétif. Il fallait parfois longer des ravins, à certains endroits les forêts étaient mystérieuses, les lions rugissaient. L'horizon était immense, les collines vertes et rouges ressemblaient à un paysage de Sienne et les colons plaçaient toutes leurs espérances dans ce pays, l'Algérie.

« Des lions », songeait Jean, *« quel animal superbe et effrayant à la fois »*.

Puis, de génération en génération, l'écriture sur la lettre avait changé, d'une simple lettre, elle était devenue manuscrit pour continuer à raconter l'installation de la famille à Alger, les naissances, les épidémies puis les décès et enfin les espoirs.

Ce manuscrit qui avait été maintes fois noyé par la pluie, rafistolé, brûlé par le soleil, enluminé, Jean le rêvait, conscient qu'un jour, il tiendrait dans ses mains une œuvre d'art. Puis Émile racontait encore, le pont du Rummel qui lançait une passerelle vers la ville. Elle était ronde sur son rocher, le soleil ardent projetait ses rayons chauds sur les murs blancs de ses maisons qui brillaient de mille feux.

— Je peux te poser une question Émile ?

— Je t'écoute Jean.

— Je pourrai le lire moi aussi, le livre ?

— Oui Jean. C'est ton père qui te le donnera lorsqu'il jugera le moment opportun et tu le transmettras à ton tour à tes enfants pour que la mémoire de nos origines ne se perde jamais.

Jean contemplait le paysage. Il comprenait mieux à présent la déférence de son père pour ses ancêtres. Cette lueur de tristesse qui envahissait parfois son regard et donnait à son visage la douceur du souvenir perdu, nostalgique. La mémoire n'était pas un bagage inutile. Dans la famille du père de Jean, elle se léguait comme un objet précieux. Les yeux encore brillants de joie, Jean pensait à ce que lui avait dit Émile, un jour de chasse.

– Sois toujours fier de ce que tu es Jean, un Français d'abord et avant tout.

Ce jour-là, le jeune adolescent avait ressenti une grande fierté et c'est avec un plaisir accru qu'il partagea un pique-nique frugal, entre hommes, fait de pâté de caille étalé sur de larges tranches de pain de campagne coupées au couteau avec des mains aux ongles noirs.

La Corse se livrait à ses yeux gourmands, comme une femme s'offre à son amant, avec des courbes d'une douceur intemporelle. La mer, claire comme de l'eau de roche, rafraichissait ses pieds, enfouis dans le sable blanc de la plage de Rundinella. De son expérience corse, Jean comprit que la connaissance était fondamentale.

On ne détruit pas quelque chose que l'on connait, se dit-il.

Il était temps de rentrer à la maison, sa maison. La fille aux yeux du maquis et au caractère sauvage comme son île ne pouvait pas le détourner de la côte aux verts émeraude du Rayol-Canadel qui lui livrait toujours plus ses secrets pendant qu'il se remémorait ses souvenirs d'enfant.

L'ODEUR DE LA FLEUR DE VIGNE

Sur la route caillouteuse, la poussière se soulevait en nuages et s'abattait sur le pare-brise de sa voiture de location. Jean avait pris la direction de Bargemon, laissant le magnifique village de Seillans, accroché au flan de la colline, derrière lui. À mi-parcours, il arrêta sa voiture et marcha sur le pont du viaduc du Rayol.

Combien de fois avait-il traversé ce pont à vélo ?

Il s'accouda à la rambarde un instant. Certes, le train ne roulait plus sur l'ancienne voie ferrée qui passait dans l'arrière-pays des Alpes-Maritimes pour desservir les villages du Var, mais Jean gardait précieusement dans sa mémoire les histoires racontées par les anciens de Bargemon. Celle du train lui plaisait tout particulièrement, car les vieux la racontaient comme un périple d'explorateurs et ils rêvaient d'aventures à travers des collines et des vallées champêtres. Ces aventures d'un autre temps, au rythme du train, leur donnaient le loisir de faire connaissance avec la nature.

L'éclat roux, parfois rouge de l'automne colorait les arbres auxquels se mêlait, par touches éparpillées, un beau jaune vibrant, entremêlé à des verts éclatants, avec pour toile de fond le bleu du ciel. Un sentiment de joie intense le submergea, il crut entendre le rire joyeux de sa mère, alors il se retourna, lentement. Il était là. Au milieu de la route. Jean ne bougea pas, fasciné par le regard aiguisé du renard qui le dévisageait. Sa robe rousse était couleur de saison. Il huma une odeur, la truffe levée dans le vent. Soudain, d'un saut, il atteignit un talus avant de disparaître dans la colline.

Sur les derniers mètres qui le séparaient de son village natal, Jean comprit qu'il avait pris la bonne décision. Le vent faisait danser dans les airs de légers pétales. On aurait cru qu'il neigeait. Ils restaient parfois suspendus dans les airs, alors, une drôle de sensation de lévitation prenait le corps tout entier, distrait par le seul bruit du vent dans le feuillage des arbres. Il ferma les yeux à demi et soudain, son odorat crut sentir l'odeur de la fleur de vigne si subtile de fraîcheur miellée. Il rouvrit les yeux et sourit. Aucune vigne à portée des yeux. La fontaine place Chauvier coulait à flot et le serveur du café du Commerce traversait la route, son plateau en équilibre pour servir quelques bières fraiches sur la terrasse d'en face aux consommateurs qui bravaient un petit air frisquet. Incognito, installé au comptoir, Jean savourait sa bière. Il fut plongé dans l'ambiance du village en une fraction de seconde.

— T'as vu là-bas, c'est marqué « fabrication artisanale ».

— Ouais, c'est sa grand-mère qui fait tout, il paraît.

— Pauvre femme, il l'oblige même à dénoyauter les olives.

— Ou alors, il a des oliviers avec des olives sans noyaux.

— Une olive sans noyau, c'est pas une olive, c'est une escroquerie !

Le cœur de Jean souriait. Comme tout cela lui avait manqué.

— Eh gallinette, il paraît que ça chavasse [1] demain.

— Eh !

— Tu as regardé la lune avant de semer ?

— Oui, celle de ma femme, celle descendante et aussi celle montante, eh abruti !

Les verres qui s'entrechoquaient gaiement faisaient écho aux éclats de rire. Des larmes coulaient sur les joues de Jean. Lorsqu'il sortit, il fut bousculé par deux hommes

1. Ça chavasse : ça pleut.

qui s'empoignaient vigoureusement. Le patron du bar se précipita en faisant claquer son torchon pour séparer les deux amis.

— T'en mêle pas Georges. Et toi, continua d'éructer l'homme en colère, à cinq ans quand je t'ai cassé la gueule si ça t'a pas fait mal, tu vas voir soixante ans plus tard si tu vas pas pleurer.

La boutique de Denys, le réparateur d'instruments, était fermée depuis bien longtemps. La belle enseigne de la brocante d'objets merveilleux de Mustapha s'était évaporée, comme soufflée dans les airs par un génie bienveillant. Mais le plus important existait encore. L'âme du village était dans le cœur des vieux. Jean poussa la porte du cimetière qui s'ouvrit docilement. La poussière des végétaux s'était couchée sur les tombes. Un petit bouquet de fleurs blanches récemment cueillies était posé sur celle de Louis. Celle de ses parents n'était pas bien loin et une main amicale avait veillé à son entretien. Naturellement, ses pas le menèrent au marché du jeudi matin. Il était minuscule, en même temps, coloré comme dans son souvenir d'enfant. Mais le marché ne l'intéressait pas, seule une petite vieille courbée comme un point d'interrogation au-dessus de sa canne, attira son attention. Jean la reconnut immédiatement. Il passa son bras sous le sien. Marinnette leva son regard azurin vers lui, sa bouche esquissa un sourire pendant que ses sourcils se soulevaient d'étonnement et son visage parcheminé de rides s'éclaira d'une lueur de joie extraordinaire. Elle plaça sa petite main dans la sienne, sans un mot. De retour chez elle, c'est l'odeur de cuir du fauteuil de Louis, dont certaines coutures avaient un peu craqué, qui saisit l'odorat de Jean. Marinnette caressa son visage du bout des doigts comme elle avait l'habitude de le faire.

— Tu es si grand Jean.

– Le village a changé Marinnette mais il y a des choses qui ne changent jamais.

– Reste là, je reviens tout de suite.

Elle disparut pendant de longues minutes qui lui semblèrent une éternité. Sur la grande table du bureau de Louis, Marinnette déroula, précautionneusement avec ses doigts fins, deux grandes feuilles de papier kraft.

– Je les ai conservées comme un cadeau précieux jusqu'à ton retour au village.

Jean serra Marinnette sur son cœur.

– Elles sont à toi Jean.

Les lavandes avaient grignoté les calades et la vigne aux feuilles d'un vert brillant dans le soleil avait complètement recouvert la façade du jas. Lentement, Jean marchait avec précaution vers la maison comme s'il ne voulait pas réveiller la belle endormie. Dans un coin de son esprit, l'âme de cette maison c'était son père. Sa terre, sa fierté d'homme d'en avoir fait un endroit bon à vivre et à aimer. Debout devant la porte d'entrée, en chemise blanche amidonnée par les bons soins de sa femme, ceinturée par une tresse de viorne, Constant le regardait avec un sourire soyeux et Jean l'entendit chuchoter à son oreille, « *la lavande, je m'en mets sur la moustache, ça aide pour dormir* ».

Jean poussa la lourde porte en bois. Il eut la curieuse sensation d'entrer à nouveau dans sa vie. Il n'avait pas imaginé à quel point cette étrange impression le bouleverserait. C'était comme si l'histoire de sa vie d'enfant était restée, préservée, entre ses quatre murs et comme si l'histoire de sa vie d'homme, qu'il avait vécue toutes ses dernières années, le ramenait à ce lieu, enfin.

Il flottait dans les airs comme une odeur d'arbre vert et de champignon, mais aussi une odeur d'algue, une note humide, qui lui rappela celle d'un vieux livre moisi et avec lui son souvenir préféré lorsqu'il s'allongeait au grenier sur de vieux draps pour lire quelques bandes dessinées de son héros.

Il ouvrit la petite porte du grenier. Dans la pénombre du lieu, il s'agenouilla et chercha, à tâtons, les vieux draps posés sur le sol, ensuite, il s'approcha près du mur et tira une énorme malle de voyage sur le côté. Il gratta une allumette et lut, gravé au canif sur le mur avec sa main d'enfant, « *DE FIMO AD EXCELSA* » J.H FABRE. [2]

La maison n'était pas silencieuse. Il suffisait qu'il pose sa main sur le mur pour entendre chanter Suzanne dans sa cuisine ou ses pas précipités dans les escaliers ou bien encore les miaulements de gribouille sur le pas de la porte. Avec un peu d'appréhension, comme un garnement qui va faire une bêtise, Jean posa sa main sur la poignée de la porte de sa chambre. Il entra. Ce qui le surprit, de prime abord, fut l'odeur tenace de térébenthine ainsi qu'une faible lumière bleutée dans laquelle de fines particules de poussière verte se soulevaient lentement comme mues par une brise invisible. Il décrocha le loquet des volets en bois qu'il poussa et qui s'ouvrirent dans un grincement plaintif. Jean fut parcouru d'un frisson. À son grand étonnement, après toutes ses années, le ciel bleu s'était un peu éteint, il ressemblait à celui d'une fin d'après-midi au bord de mer, mais les touches foncées des arbres avaient gardé un éclat vif. Un bel air frais envahit toute la chambre. Il sortit de la maison et se dirigea vers le lavoir. Celui-ci était encombré de paniers tressés. Cet endroit lui avait sauvé la vie bien des fois lorsque sa mère le poursuivait sur un ton en colère.

— Mon vœu est exaucé.

Jean se retourna au son de cette voix qui lui était si familière. Dédé, une brindille négligemment coincée au coin de la bouche, les cheveux en bataille et les mains dans

2. « DU BAS VERS LA PERFECTION », Jean-Henri Fabre.

les poches était planté dans l'encadrement de la porte. Il avait une attitude fraternelle et solide comme un chêne dont les racines sont fermement ancrées dans la terre. Il dévisageait son ami, les yeux embués de larmes. Jean se rapprocha, mais ne put articuler un seul mot tant sa gorge était nouée. Ils se tombèrent dans les bras l'un de l'autre pour une étreinte virile.

— C'est toi, l'âme de cette maison maintenant.

— André ! Je ne sais pas quoi dire.

— L'heure est grave, répondit-il avec un regard sombre.

— Pourquoi ? s'inquiéta Jean en fronçant les sourcils.

— Parce que, aussi loin que ma mémoire se souvienne, tu ne m'as jamais appelé par mon prénom.

— Et grand couillon, moi aussi je suis content de te voir !

Les deux enfants furent secoués par un fou rire sans fin qui les obligea à s'asseoir tout en se tenant les côtes et c'est une avalanche de souvenirs joyeux qui se bouscula dans leur tête.

— Tu te souviens lorsqu'on squattait la médiathèque et qu'on attendait qu'elle ferme pour escalader la grille de la piscine pour se baigner la nuit ?

— Ah oui ! Et ce qui était très sympa c'était de faire la courte échelle aux filles.

— Ça, c'était ton idée Dédé.

— Tu en avais de meilleures que moi, comme celle de piquer les abricots du père Gal qui te coursait avec sa canne.

— Je dois avouer que j'avais une préférence pour sa canne plutôt que sa carabine chargée de plombs !

— Mon dieu, combien de fonds de pantalon avons-nous usés sur les marches de l'agence de Nicolas ?

Jean posa une main sur l'épaule de son ami.

— Moi, j'aimais bien lorsqu'on déplaçait la terrasse du bar pour la mettre sur la route.

Dédé s'exclama.

— Mais nous avons failli déclencher un accident monstre, un bel empilement de bicyclettes pendant le tour du var, tu te souviens ?

— Oui, mais j'ai mieux, confia Jean, l'air sérieux, trahi par les larmes dans ses yeux.

— C'était quoi ?

Jean se leva d'un bond et mima la scène.

— Après l'aïoli, on avait boustifaillé[3] comme des goinfres, tu te souviens et tout le monde a fait trempette dans la fontaine.

— Ah oui, même les touristes qui passaient en voiture voyaient la fontaine de près, ajouta André qui riait aux éclats.

— Attends, j'en peux plus, laisse-moi reprendre mon souffle.

— Respires, Dédé huma l'air, soudain un autre souvenir lui revenait en mémoire, tu te souviens les sardines cuites au barbecue à la chapelle de Favas.

Jean se tenait à présent debout face à son ami d'enfance.

— Ah mon ami, entre les rêves et la réalité, quelle différence ?

— Celle de ta tête lorsque je piquais des œufs à la boulange et qu'on faisait des batailles autour de la fontaine.

— Elle en aura vu de toutes les couleurs cette fontaine et même le savon que le père boulange t'administrait.

Le vent qui chatouillait les oliviers remplit le lavoir tandis que les deux hommes s'appréciaient du regard.

— Pantailles[4] tant que tu veux Jean, mais ne nous quitte plus.

Le retour de Jean au village s'était répandu comme une trainée de poudre. Bientôt, avec la chaleur de l'été, les persiennes des maisons fermées pour l'hiver s'ouvriraient

3. Boustifailler : manger.

4. Pantailles : rêves.

en grand sur les arbres et sur les places. Le banc était un peu cassé, mais le platane centenaire apportait toujours une ombre généreuse devant la maison. Ses mains tannées par le soleil, aux doigts tordus par l'arthrose étaient posées sur son pantalon de velours bleu foncé, un peu élimé aux genoux et sa chemise blanche se soulevait doucement. Jean s'assit à côté de lui. Son visage avait à peine vieilli et il le dévisageait avec insistance.

— Je ne dors pas, Jean.

— Tu as les yeux fermés Taj alors comment sais-tu que c'est moi ?

Il ouvrit les yeux et observa Jean avec ses deux billes noires. Sa peau était bronzée, sillonnée par de minuscules grains de beauté et ses sourcils épais, embroussaillés, formaient deux courbes au-dessus de son regard de sarrasin. Il pencha légèrement la tête de côté comme heureux de son effet de surprise et découvrit une rangée de dents blanches.

— Je l'ai su, c'est tout.

— Tu ne me diras pas ton secret, n'est-ce pas ?

— Tu connais bien plus de secrets que moi.

Il posa sa main sur celle de Jean.

— Ta réputation t'a précédée, mon fils.

— C'est mon père qui m'appelait comme cela.

Tout à coup, Jean eut envie de lui poser des milliers de questions.

— Pourquoi n'avez-vous jamais discuté tous les deux ? Je me souviens que vous aviez toujours un petit signe de tête l'un pour l'autre lorsque vous vous croisiez dans la rue, mais...

— Les mots ne sont pas toujours nécessaires. Tu sais Jean, ton père est venu au monde de l'autre côté de la Méditerranée comme moi. Nous avons aimé la même terre, et puis nous avons fait le même voyage.

– Les hommes me désespèrent souvent, soupira Jean, mais la nature me réconcilie toujours avec eux. J'aimerais, tu vois, prouver que la nature est l'antidote, que les sens savent s'adapter pour percevoir l'essentiel. Savais-tu qu'il y a deux mille cinq cents ans, Cyrus le grand construisit des jardins destinés à la détente ?

Taj regarda Jean avec une lueur amusée dans les yeux.

– Et n'oublie pas le plus important.

– C'est-à-dire ?

– Qu'il faut que chaque clocher de chaque village, qu'il soit léger ou trapu, frêle ou robuste soit aimé par chaque enfant, car ils sont tous les joyaux de la France.

– Ce que tu dis est essentiel.

– Tu vas trouver, Jean.

– Mais trouver quoi ?

Décidément, Jean avait du mal à comprendre les phrases énigmatiques de Taj.

– La meilleure façon de transmettre ton savoir.

Comme un marcheur qui a fait un long voyage et qui pose enfin son baluchon, Jean avait décidé que sa vie se poursuivrait à présent à Bargemon. Minutieusement, il répara les paniers tressés de viorne et nettoya le jardin sans pour autant lui donner visage humain.

– Alors c'est vrai, tu es rentré.

Jean était assis, il dessinait dans une lumière faible qui passait à travers les petites fenêtres au verre opaque du lavoir. Il leva la tête. Il distingua tout d'abord, à contre-jour, une silhouette élancée. Elle s'avança vers lui.

– Bonjour Pauline.

– Bonjour Jean. Comment m'as-tu reconnue ? J'étais si jeune lorsque tu es parti.

Jean regardait le délicieux grain de beauté accroché à l'ourlet de sa lèvre.

— La fossette qui se creuse dans ta joue lorsque tu souris est inoubliable, lui dit-il.

Loin d'être intimidée par ce compliment, la jeune femme se rapprocha plus près.

— Écoute ! J'entends le tambour des limaces [5].

— J'avais oublié cette expression.

— Je me suis souvent réfugiée dans ton lavoir lorsque j'étais surprise par la pluie.

Jean s'assit à côté de Pauline. Son parfum l'attira. Tout à coup, il avait envie de l'écouter parler sans l'interrompre. Il apprit que, passionnée de cuisine, elle avait travaillé dur pour ouvrir son propre restaurant. Certes, il n'était pas bien grand, mais c'était un plaisir pour elle de transmettre sa passion des traditions culinaires provençales. Les souvenirs de Pauline étaient faits d'odeurs plus que d'images et ces souvenirs des traditions transmises par ses parents étaient son plus grand héritage.

Elle sentait bon le musc poudré et aussi le miel et le romarin frais. Jean avait envie de la renverser dans ses bras et de l'embrasser fougueusement. Le lavoir était ouvert aux quatre vents et ses cheveux longs dansaient sur ses épaules. Son humeur masculine était émoustillée, elle le faisait rêver de Pantelleria.

— Je t'attends pour le déjeuner Jean, lui dit-elle avant de se lever précipitamment et de disparaître.

Comme lorsqu'il était gamin, Jean se faufila par les chemins, entre les maisons. Il écoutait l'eau de la source qui bouillonnait en tombant dans les puits des jardins. Il s'arrêta devant un petit portail en bois. Le cerisier de Denys n'était pas encore chargé de grappes de fruits rouges et brillants mais Jean avait envie de gourmandises sucrées.

— Est-ce que cela te rappelle des souvenirs ?

Dédé le regardait les coudes posés sur le portail.

5. Tambour des limaces : légers coups de tonnerre.

— J'aimais cet homme.

— Je sais. Viens avec moi, je t'emmène dans un endroit où tu vas pouvoir rassasier ton appétit de gourmand.

La cuisine n'était pas bien grande, seulement séparée des tables par un comptoir derrière lequel Pauline, ceinturée dans son tablier blanc, les cheveux relevés en chignon sur le sommet de la tête, pétrissait une pâte. Le sourire aux lèvres, elle accueillit les deux garçons avec un joyeux bonjour. Une fine poussière blanche s'était déposée sur ses joues. Elle virevoltait dans cet espace exigu avec aisance et la fine croix en or qu'elle portait à son cou se balançait entre ses seins à chaque mouvement.

— Allez les garçons, asseyez-vous et goûtez-moi ça.

Une odeur de thym citronné embaumait l'air. C'est à un véritable festin que les deux camarades eurent droit. Le rosé du domaine du Jas d'Esclans se mariait à la perfection avec la cuisine raffinée de Pauline. Sous le charme, Jean avait la tête qui tournait un peu, il avait une envie folle de caresser sa joue, poudrée de farine. Le chocolat qui avait fondu dans la casserole répandait une odeur onctueuse dans la cuisine. Avec sa longue cuillère en bois qui tournait dans la casserole, elle préparait un dessert pour les garçons. Jean étendit son bras au-dessus du comptoir pour prendre, du bout du doigt, la goutte de chocolat qui s'était réfugiée au coin de la bouche de Pauline. Ce geste n'échappa pas à la jeune femme qui lui offrit un sourire espiègle. Elle pirouettait devant sa cuisinière, elle goûtait, sa fossette se creusait, elle émincait, elle paraît, elle tamisait et les assiettes de porcelaine au bleu turquoise s'ornaient comme des tableaux de douceurs éphémères. Sur un rythme lent, Jean reprenait possession de sa maison et de ses souvenirs d'enfant. Il abandonnait peu à peu ses envies de pigeon voyageur. Le jas avait retrouvé ses couleurs naturelles. De temps en temps, Pauline confisquait sa cuisine pour lui offrir la primeur de ses nouvelles recettes. Elle était tout en finesse avec une attitude apaisante et un éclat toujours joyeux dans les yeux. Le vent d'est éclaboussait la chevelure lumineuse de la jeune femme et Jean se sentait de plus en plus proche de la fille du vent.

— Tes cheveux qui dansent comme cela me font penser à Pantelleria.

— Est-ce que c'est ta manière de me draguer Jean ? demanda-t-elle avec un sourire exquis.

— Tu es étonnante.

— Parce que je suis franche ? Tu sais, je ne suis pas une Parisienne.

— Ah ! Les Parisiennes…

Pauline, piquée au vif, lui envoya un uppercut qu'il freina d'un geste souple.

— Tu n'es comparable à aucune autre, Pauline.

Sûre d'elle, la jeune femme se rapprocha de lui.

— Nous sommes promis l'un à l'autre de longue date, Jean.

Jean fronça les sourcils, Pauline devenait mystérieuse, mais avant qu'il pût lui poser la moindre question, elle s'était enfuie, comme le vent fripon, à travers la viorne du jardin.

La baie du figuier offrait une vue généreuse sur l'immensité de la mer. Jean sculptait le domaine du Rayol avec délectation. Il conçut le jardin comme une mosaïque, mémoire fidèle des paysages de toutes les régions du monde au climat Méditerranéen, qu'il avait traversées au cours de ses voyages. Les jardiniers embauchés pour travailler à sa réhabilitation le suivaient comme son ombre. Parfois, Jean s'arrêtait pour regarder une fleur qui brillait d'un éclat particulier dans le soleil.

— Que voyez-vous ?

— Juste une belle lumière, répondait-il.

Ils étaient avides de questions et Jean n'était pas avare de conseils, mieux, il captait la soif de connaissance de ces jeunes jardiniers pour lesquels il était une référence en la matière. Il décida de transformer sa chambre d'enfant en bureau. Celui-ci était résolument tourné vers sa fresque murale de façon à ce qu'il puisse lever les yeux sur un coin du ciel bleu à tout moment.

« *Oui, la meilleure façon de transmettre son savoir était de le donner en partage* ».

Il descendit l'escalier quatre à quatre et courut à la mairie déranger l'administré des pouvoirs publics.

– Hé, mais dis Jean, il y a le feu au champ ou quoi ? s'inquiéta Bonniface.

Absolument enthousiasmé par l'idée, le maire songeait aux répercussions sur son petit village, car la réputation du paysagiste à travers le monde n'était plus à faire. Avec son ami Dédé et les aides bienvenues des villageois, il transforma le lavoir en salle de classe.

– Ton lavoir, équipé de ces petits pupitres en bois c'est tout simplement génial, mais que vas-tu faire du bassin ? demanda Dédé.

– Nous allons installer dessus une grande planche en bois qui servira de table pour des repas collectifs.

Un coup sur la porte les fit se tourner, le facteur déposa un lourd sac de toile gris rempli de lettres à leurs pieds.

– Qu'est-ce que c'est ?

– Ton courrier Jean, répondit Maurice qui enleva sa casquette pour se gratter la tête. Et ça pèse une tonne.

Jean prit une enveloppe qu'il ouvrit. L'expéditeur lui demandait les conditions d'admission à ses cours.

– C'est la rançon de la gloire Jean, s'exclama André. Allez, allons-y, ici tu m'as dit que tu voulais un grand tableau noir, et...Mais il nous manque les chaises, je m'en occupe tout de suite et tiens, qu'est-ce que tu dirais d'une télévision ?

Jean suivait des yeux son copain, un sourire lui éclaboussait le visage, il était gai comme un pinson.

L'aube se couchait à l'horizon et Jean, songeur sur le pas de la porte, regardait les roussettes qui tournoyaient dans le ciel. Les grappes blanches des viornes captaient les dernières lueurs du jour. Il tendit l'oreille. Le velours rouge de sa robe se froissait sur le mouvement de ses jambes et ses pas légers effleuraient à peine les calades. Pauline venait vers lui d'un pas déterminé. Elle se hissa sur la pointe des pieds pour déposer un baiser sur ses lèvres. Il laissa glisser sa bouche sur son cou, ses cheveux sentaient une odeur sucrée, peut-être la noix de coco de la viorne. Dans les escaliers qui menaient à la chambre de Jean, Pauline laissa tomber son gilet, puis plus haut, ses ballerines et sur la dernière marche, Jean ramassa sa robe qu'il porta à son visage pour en respirer l'odeur. Elle était complètement nue. La chaleur de son ventre l'attira comme un aimant. Il caressa ses seins, soyeux comme l'étoffe de sa robe, puis il posa sa tête sur sa poitrine, le battement de son cœur lui donnait le tempo. Elle s'ouvrit comme une fleur alors Jean la butina de la pointe du pied jusqu'à l'orgasme.

Dans le lavoir, il se tenait debout devant des filles et des garçons silencieux, aux visages juvéniles, crayons en main, ordinateurs ouverts. Ils étaient prêts, parfois venus de très loin, prêts à boire ses paroles, prêts à recevoir son enseignement. Il les regarda un à un avant de parler.

— Lorsque vous assemblerez deux plantes entre elles, vous aurez l'espoir qu'elles se comprennent et qu'elles s'aiment, mais vous aurez aussi la crainte de mal faire.

— Et comment pouvons-vous rectifier si cela est le cas ? demanda un jeune homme au premier rang.

— Vous ne ferez rien.

Un silence de plomb, distrait seulement par le pépiement

des oiseaux du jardin, parcourut l'audience. Suivi par ses élèves, il expliqua comment son jardin s'était dessiné constamment au fil des années, comme un instantané photographique.

Il n'y avait aucune note à prendre, aucun discours plus enseignant que de toucher un concombre d'âne[6] du bout des doigts.

— Mais arrête, tire de ce côté je te dis, tu vas écrapoutir[7] toutes les fleurs !

— Dis Émile, ça suffit, j'ai suffisamment installé des pistes de danse pour les bals d'été place saint Étienne pour savoir que si tu la cales pas comme ça, elle va bouliguer[8] et tout ce petit monde va virer de bord.

— Et bien, ils auront plus qu'à bien s'accrocher au radeau des copains d'abord !

Lentement, mais sûrement, le village préparait le mariage de Pauline et de Jean. C'était l'effervescence dans les cuisines, chacune à leurs recettes, les femmes du village mettaient un point d'honneur à préparer leurs meilleures spécialités provençales pour fêter Pauline. Boniface avait ravitaillé son bar avec des bouteilles de champagne.

« *Pas maintenant* » ! criait-il aux habitués qui tentaient de filer en douce avec une bouteille sous le tricot.

Un atelier de décoration avait pris place sous les arbres du jardin de Jean, tôt le matin des mains agiles avaient confectionné de grosses fleurs en papier de crépon blanc. Le maire bataillait avec son nœud papillon devant sa glace tout en répétant son discours. Des bouquets aux couleurs éclatantes et délicates fleurissaient les nappes blanches et les grosses fleurs blanches de papier crépon étaient accrochées aux branches des oliviers. Le curé, son

6. Concombre d'âne : concombre explosif.

7. Ècrapoutir : écraser.

8. Bouliguer : bouger.

mégaphone en bandoulière, vérifiait le nombre de petits paniers en osier qui passerait à la fin de la messe dans les allées pour recueillir des pièces sonnantes et trébuchantes.

Quel joli mois de mai pour se marier !

Marinnette confectionnait le bouquet de Pauline avec des brins de muguet cueillis dans son jardin.

Jamais, de mémoire de village, on ne vit une telle procession colorée et endimanchée pour le mariage des enfants du pays.

Pauline avait piqué une couronne de fleurs fraiches dans ses cheveux, dont Jean respirait le parfum à chaque fois qu'il l'embrassait.

– Qu'est-ce que tu regardes Jean ?

Il ne répondit pas. Sur le pas de la maison, ses parents le regardaient, le visage heureux, un sourire apaisé sur les lèvres. Pauline lança son bouquet de mariée en l'air et les clochettes blanches, teintées de miel, se reflétèrent dans ses yeux bleus.

À Olivier

Remerciements

Cette histoire n'aurait jamais connu une ligne sans les souvenirs de mon enfance, sans ce lien entre les pieds-noirs de l'autre côté de la Méditerranée et ma Provence natale.

Je veux adresser un grand merci à Dominique LEBEL pour ses précieux conseils et pour son magnifique compliment car qui mieux que Henri BOSCO pour raconter la Provence ?

J'éprouve également une tendresse toute particulière pour ces provençaux de Bargemon qui m'ont inspiré certains personnages de ce roman, clin d'œil à Monsieur Jean-Claude AUGIER dont je garderai le souvenir d'une sortie à la chasse en sa compagnie.

Et, ma dernière pensée, va à mon amie Mélanie THILLE, tu auras la primeur du prochain roman sans aucun doute !

L'Auteur.

Du même auteur :

LA CHATTE AU MIMOSA
Editions Auteurs d'Aujourd'hui, 2015

JEANNE, UNE FEMME AMOUREUSE
Editions Les Indés, 2017

Sommaire

Librinova
www.librinova.com

Lightning Source UK Ltd.
Milton Keynes UK
UKHW010644201120
3774UKFR00001B/11

9 791026 259138